刊行のことば

新しい憲法の下で、帝国議会は国会となり、貴族院は参議院へ引き継がれた。尚友倶楽部（前身・研究会、尚友会）は、明治以来、貴族院の選出団体として重要な役割を果たしてきたが、戦後は、純公益法人として、日本文化の国際的理解に役立つと思われる、公益事業や、学術団体、社会福祉、などへの援助を中心に活動をつづけている。

近現代史に関連する資料の公刊もその一環である。昭和四十六年刊行の『貴族院の会派研究会史・附尚友倶楽部の歩み』を第一号として、平成二年までには十二冊の「尚友報告書」を発表した。平成三年刊行の『青票白票』を第一号とする「尚友叢書」は、平成二十四年には三十二冊となり、近現代史の学界に大きく寄与している。

一方「尚友ブックレット」は、第一号『日清講和半年後におけるドイツ記者の日本の三大臣訪問記』を平成六年に非売品として刊行し、以後二十四冊を刊行し今日に至っている。「尚友ブックレット」は、原文書のみならず関連資料も翻刻刊行してきているが、未公開の貴重な資料も含まれており、一般の方々からも購入の要望が多く寄せられてきたので、二十一号から一般にも入手できるような体制を整えて進めた。

今回刊行の第二十五号は、岩倉使節団と渡米し、ハーヴァード大学を卒業、帰国後貴族院議員として国政に貢献した男爵・吉川《きっかわ》重吉《ちょうきち》の自伝を取り上げた。今後も、研究等に、有効に、より広く用いて頂き、近現代史の学術研究に大きく役立つことを願っている。

二〇一三年七月

一般社団法人　尚友倶楽部
理事長　醍醐　忠久

吉川重吉（1859-1915）

神田駿河台東紅梅町の吉川邸

明治45年頃、神田駿河台
東紅梅町の吉川邸にて
左から、重吉、英子、重
武、寿子、直子、経吉、
芳子、寿賀子、幸子、元
光、春子、重国

1875年ボストンにて
左から、田中貞吉、
土屋静、吉川重吉

左から、重吉、元光、寿賀子

左から、元光、英子、重吉、寿子、
重国、寿賀子、春子（明治36年）

左から、春子、英子、
重国、芳子、元光、
寿子（明治38年頃）

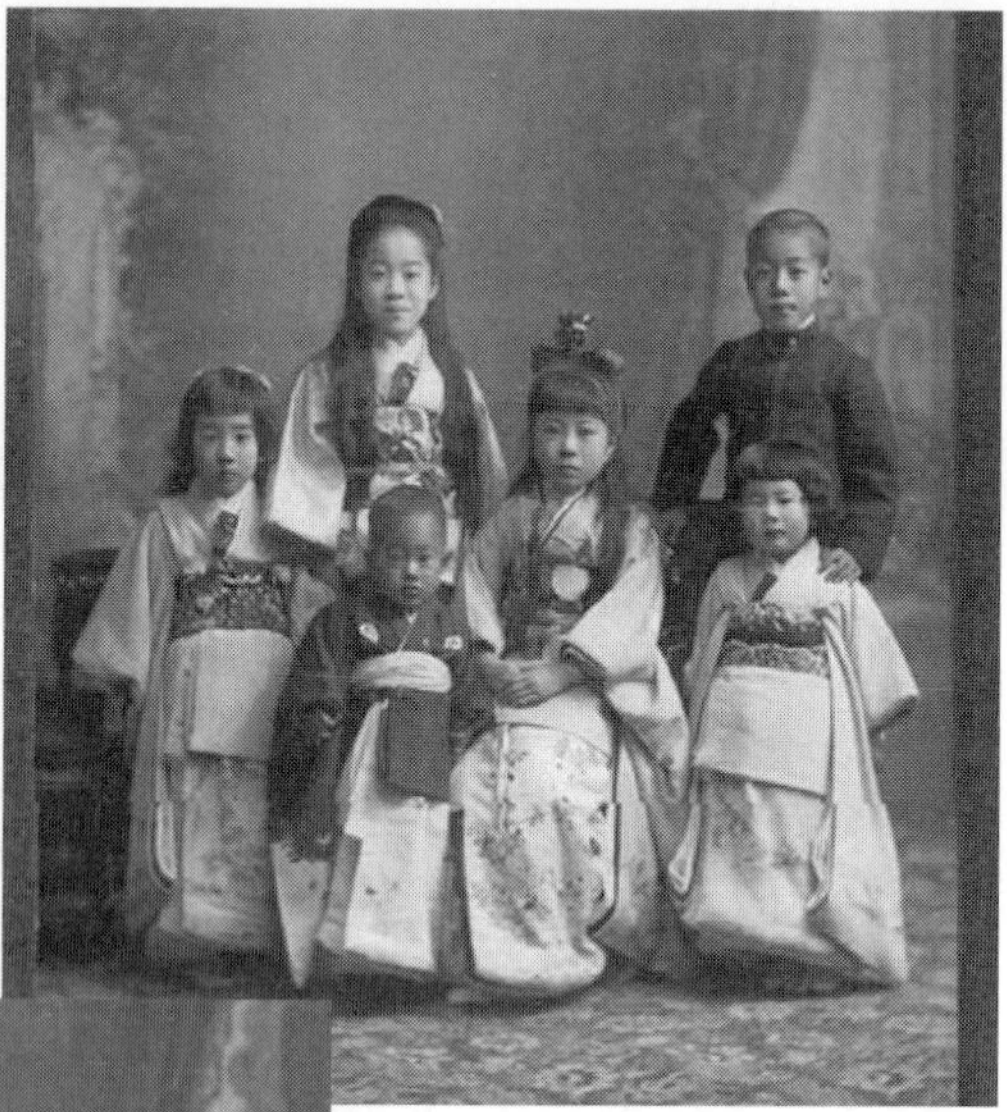

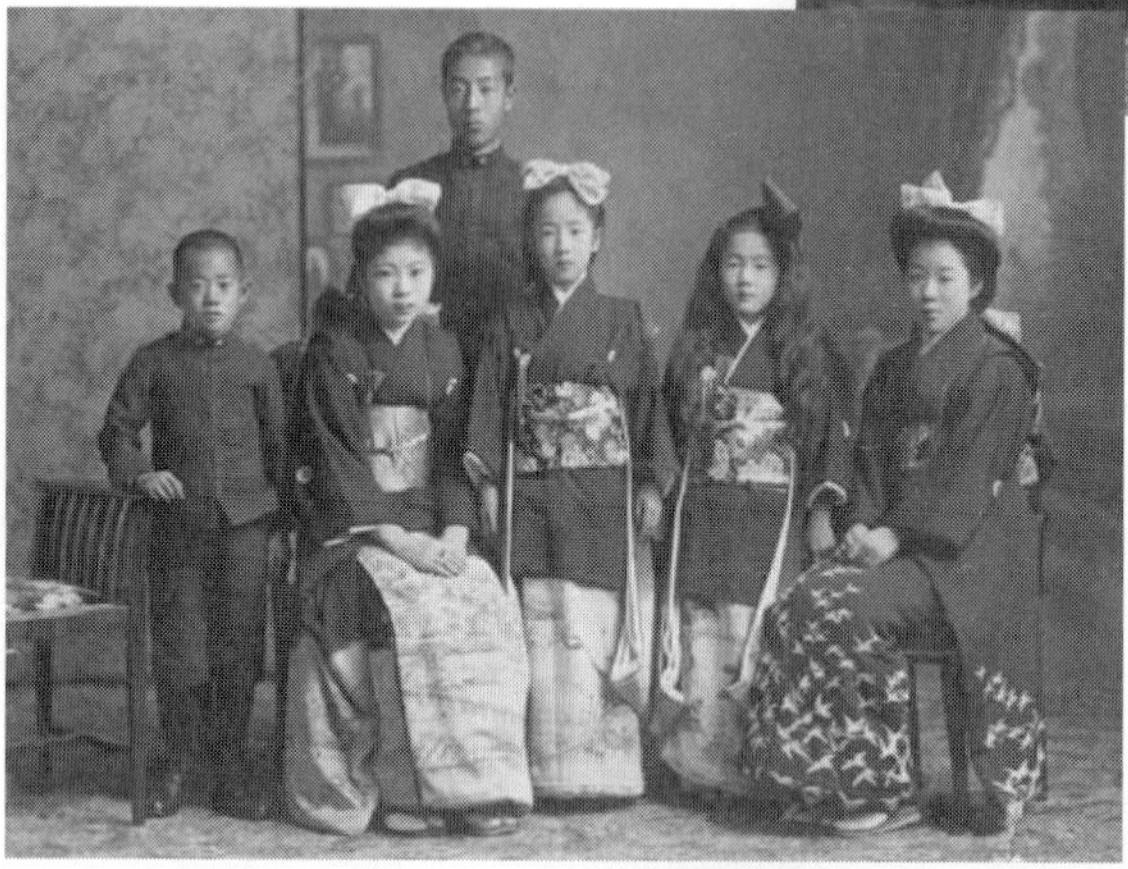

左から、重国、芳子、
元光、春子、寿子、
英子（明治40年代）

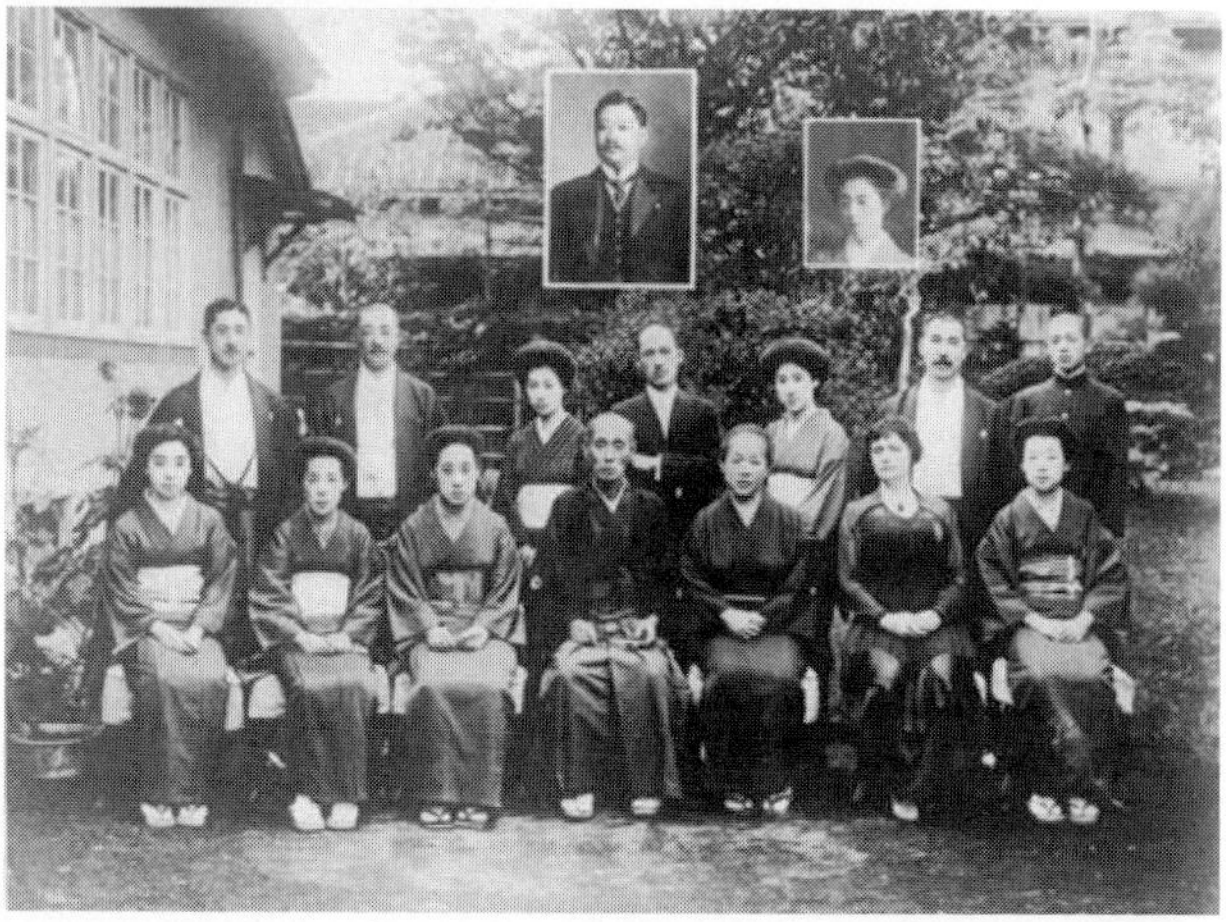

下谷・加藤邸にて

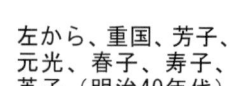

THE AUTOBIOGRAPHY OF
Baron CHOKICHI KIKKAWA
表紙と本文頁
（写真提供・本多家）

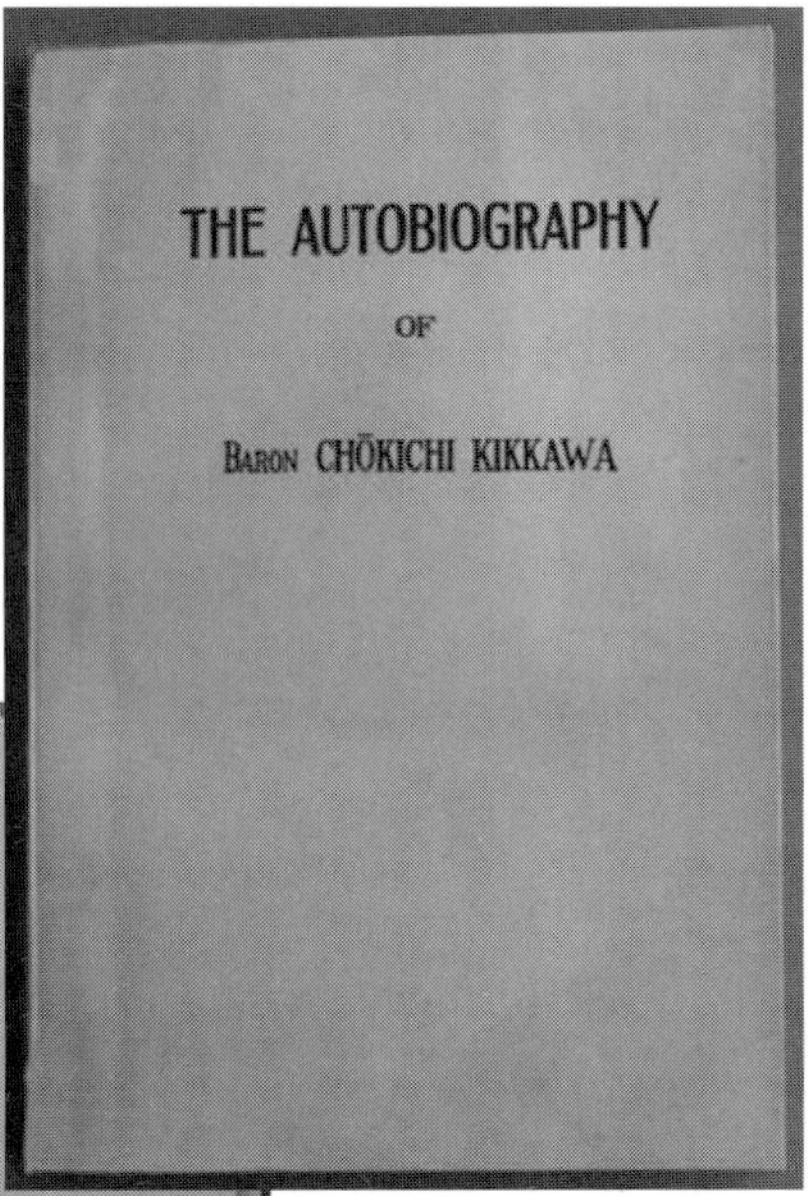

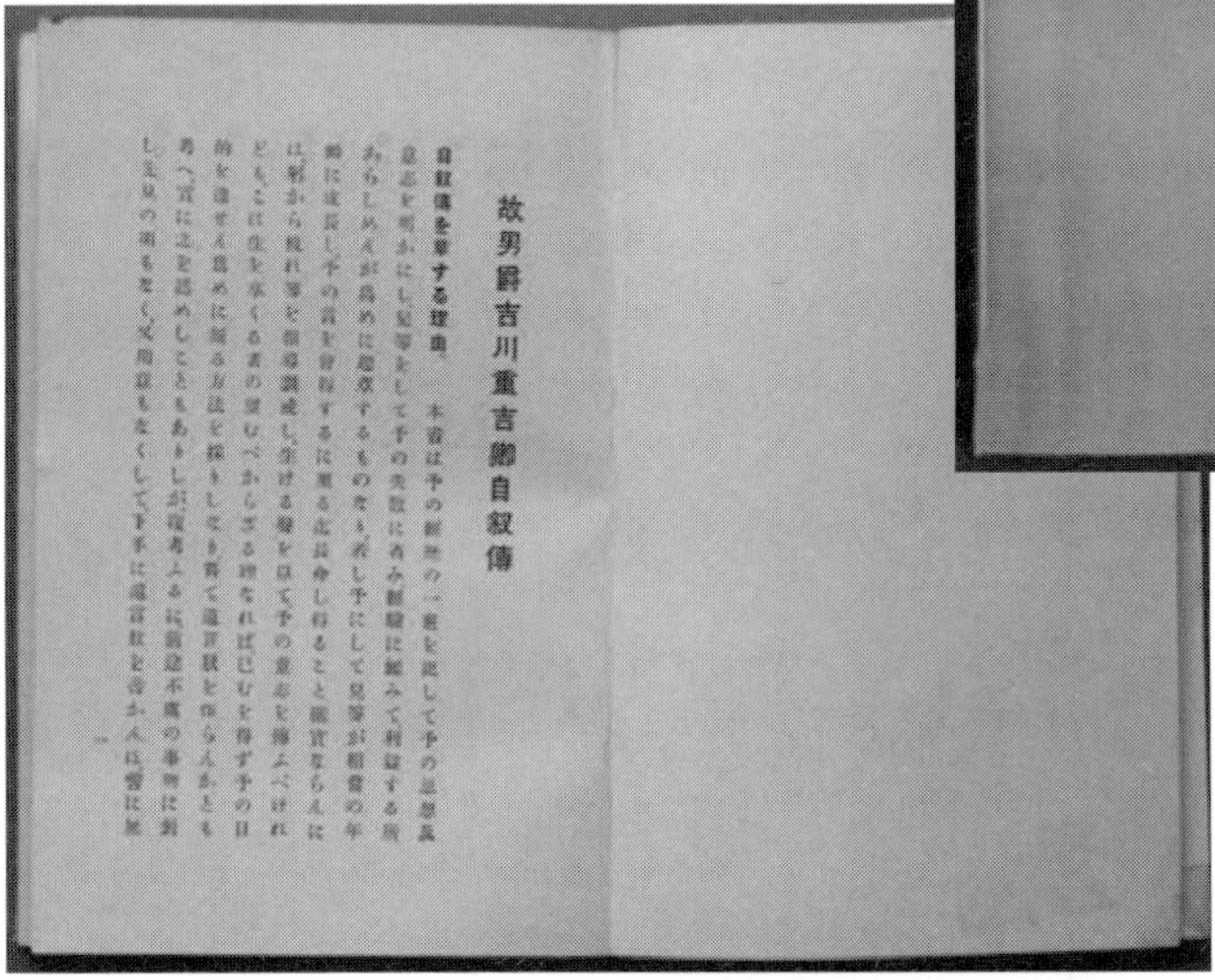

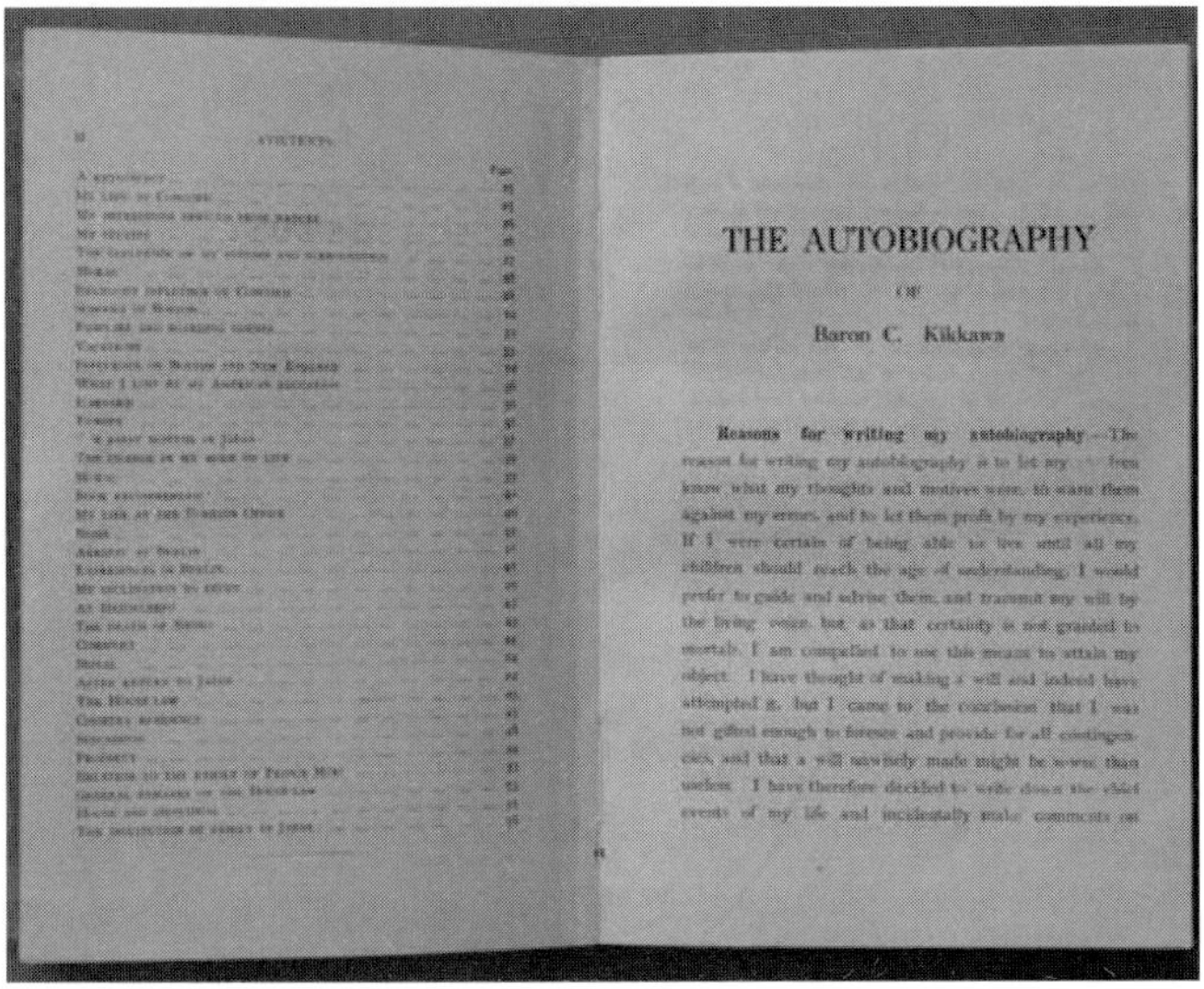

「家憲」
表紙と本文頁
（写真提供・吉川家）

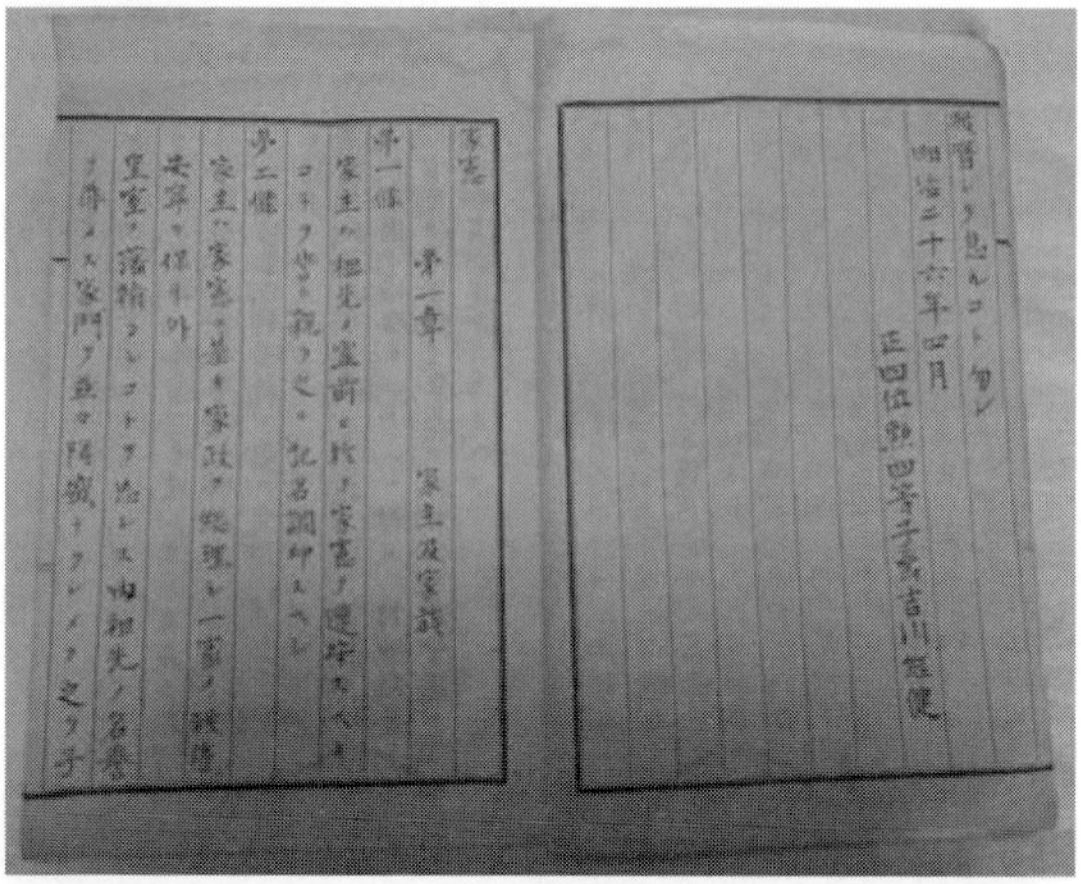

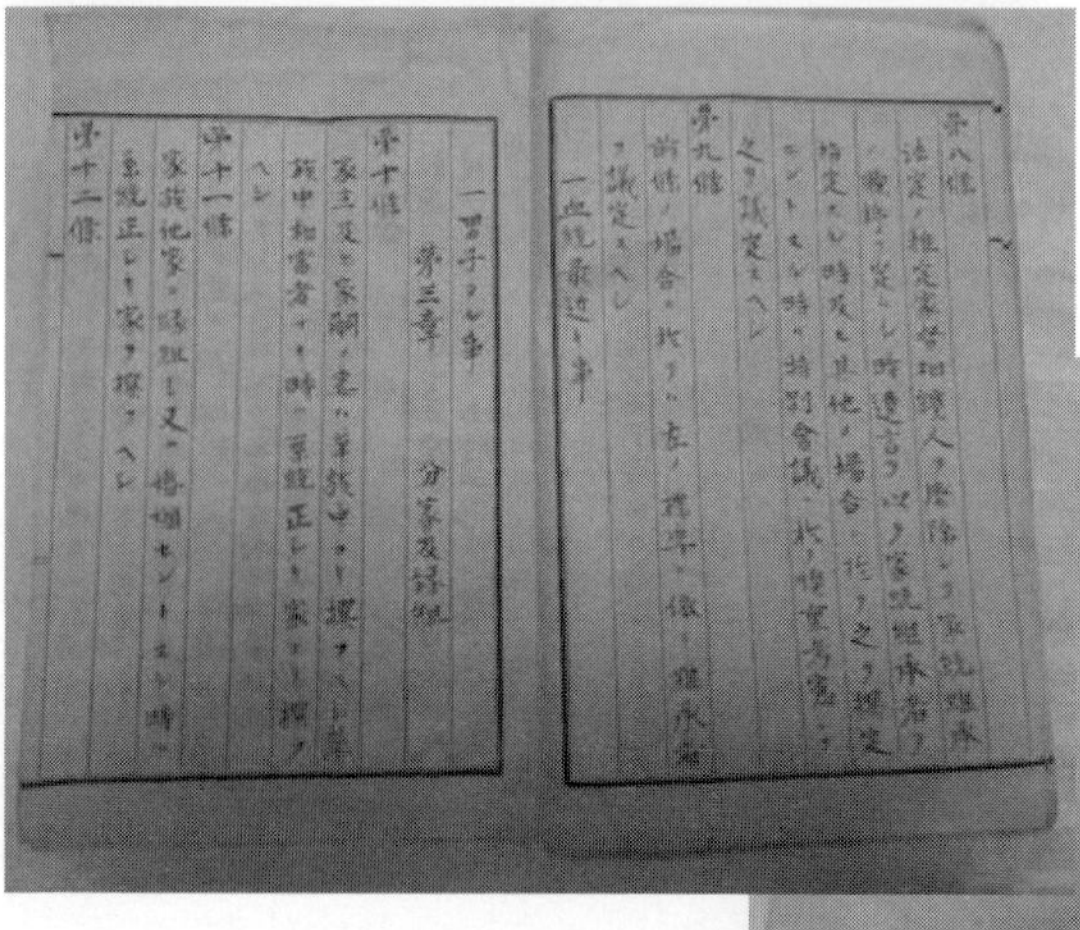

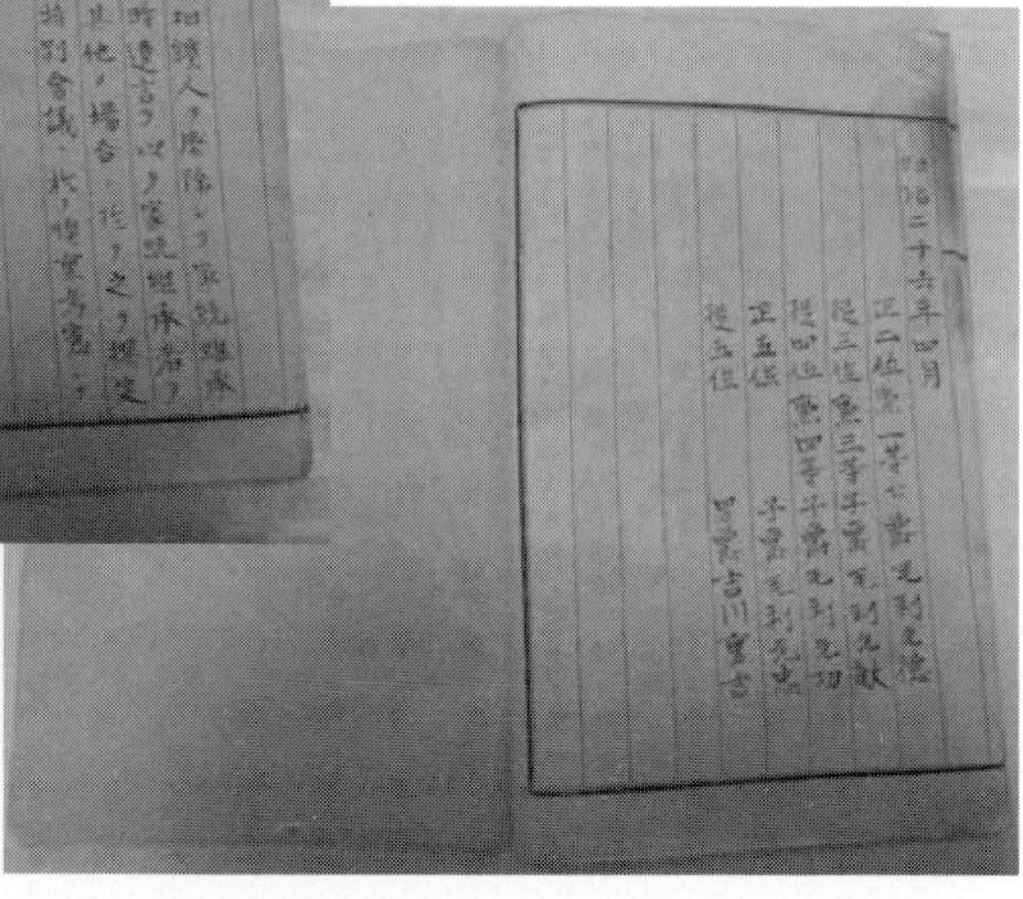

尚友ブックレット25

吉川重吉自叙伝

尚友倶楽部
内山一幸
編集

芙蓉書房出版

吉川重吉自叙伝●目次

刊行のことば　一般社団法人尚友倶楽部理事長　醍醐 忠久　1

凡　例　3

故男爵吉川重吉卿自叙伝　5

年　譜　略　47

THE AUTOBIOGRAPHY OF Baron C. Kikkawa　59

家　憲　93

総裁吉川男爵御講話 107
吉川重吉発信書簡 113
【解説】『故男爵吉川重吉卿自叙伝』 内山 一幸 121
付
ハーバード大学所蔵吉川重吉書簡について——知られざる日米交流の痕跡 小川原正道 147
吉川重吉議員活動年譜 159
吉川重吉を語る 吉川重昭・和田昭允・伊藤 隆 203
後 記 233

凡　例

一、本書は、本多康張氏所蔵の『故男爵吉川重吉卿自叙伝』（「年譜略」・自叙伝のもとの英文も含む）、吉川家所蔵の「家憲」「総裁吉川男爵御講話」（大正二年九月三日）、および国会図書館憲政資料室所蔵と当倶楽部発行の『三島弥太郎関係文書』中の吉川重吉発信書簡を復刻したもので、内山一幸氏の解説を付した。さらに「付」として、吉川の学んだハーバード大学所蔵吉川重吉差出書簡についての小川原正道氏の調査、当倶楽部調査室作成の「吉川重吉議員活動年譜（議会での発言記録を付す）」、吉川重昭・和田昭允両氏による「吉川重吉を語る」という座談会（伊藤隆氏が進行役）をも収録した。

二、『故男爵吉川重吉卿自叙伝』「家憲」「総裁吉川男爵御講話」は原文に忠実に復刻した。ただ漢字は常用漢字を用い、闕字・平出は無視し、明らかな誤字にはママを付し、適宜句読点を付した。

三、書簡についても、漢字は常用漢字を用い、仮名は原則平仮名とし、判読できなかった文字には字数分の□を宛て、適宜句読点を付した。年月日に付した＊は国会図書館憲政資料室所蔵のものであることを示す。

四、「吉川重吉議員活動年譜」は「帝国議会貴族院議事速記録」「帝国議会貴族院委員会速記録」、諸新聞、『貴族院年表』『三島弥太郎日記』『田健治郎日記』「水野直日記」等によって作成した。

故男爵吉川重吉卿自叙伝

自叙伝を草する理由。　本書は予の経歴の一班を記して予の思想及意志を明かにし、児等をして予の失敗に省み、経験に鑑みて、利益する所あらしめんが為めに起草するものなり、若し予にして児等が相当の年令に成長し、予の言を会得するに至る迄長命し得ること確実ならんには、躬から彼れ等を指導訓戒し、生ける声を以て、予の意志を伝ふべけれども、こは生を享くる者の望むべからざる理なれば、已むを得ず予の目的を達せん為めに斯る方法を採りしなり、嘗て遺言状を作らんかとも考へ、実に之を認めしこともありしが、復考ふるに、前途不虞の事物に対し、先見の明もなく、又用意もなくして、下手に遺言状を書かんは、啻に無益なるのみならず、寧ろ有害なるべしと思ひ止まりたり、されば茲には予の生涯中の主たる事項を列記し、間々必要なる注釈を加へ、又各項に対する自己の意志実験を附記し、以て児等の之を熟読して、指針となさしめんこととなせり

英文にて記せる理由。　英文を以て草せし所以は、只予に在りて尤も書き下し易き用語なるを以て、

之を択びたるに外ならず

必然の不備。 本書は児等の為めに記せるものにして、素より他見に供せんとするものに非ず、されば用語の選択にも敢て意を労せず、必しも事の順序に拘泥せず、叙述の繁簡亦宜しきを得ざること言を俟たず

出生。 予は安政六年十二月二十四日（一八五九年）の夕、仙鳥館に於て呱々の声を挙げたり

出生当時に於ける社会の状態。 米国水師提督「ペリー」の来航に由りて、大革新の気運漸次醞醸せられつつありし時勢なりしも、尚ほ其外観は平和の気象上下に満ち、幕府は旧き国法を維持し、社会は何等の変態を見ず、天皇は其朝臣と共に京都に在はし、将軍は江戸に覇府を開きて其威権を把持し、封建三百諸侯は各其封土を有して互に小天地を形成せり、これ等各領土に於ける風習は概ね一様にして、只大諸侯及之に随従せる者は、その小なるものに比して稍威勢の盛なるものありしのみなり、吾が岩国領は、其封域西は柳井より東は小瀬川に限られ、北は山岳地を行くこと凡四里にして封疆に達す、城邑は錦川に由りて横山及錦見に分たれ、横山は更に下口及上口に小別せられ、居城は其中間に在り、錦帯橋に近き下口には、家老、中老其他高級藩士の家族之に住居し、上口には身分は高からず又富有ならざれども、血縁に由りて多少われ等が姻戚に当れる者多く住居せり、そは城郭付近の地には、急変に際して特に信頼し得べき家士を居らしめ、又其邸宅の所在に由りて一種の名誉を表彰したるなり、錦見には中流及下級の家士の住宅あり、其他萬谷、川西及千石原等も亦然り、又封内の各所に散在せる各部落には、主に農民居住し、商売は主に錦見及柳井に集合せり、以上は旧領に於ける戸口分布の状態なりとす

予の環境。　父君は城中に在はせり、城と云はんより寧ろ外濠を以て囲繞せられたる邸宅――御城と区別する為め特に御館《おたて》と称せらる　に住まはれ、茲に小宮殿を擁し居られたり、年頭其他の式日に際し、一藩の諸士此処に参賀すること、猶諸侯及麾下士の将軍家に、文武百官の宮廷に対するに同し、御館は今の吉香神社境域に在りて、道路を隔てて藩政を行ふ役所と相対せり、其略図左の如し

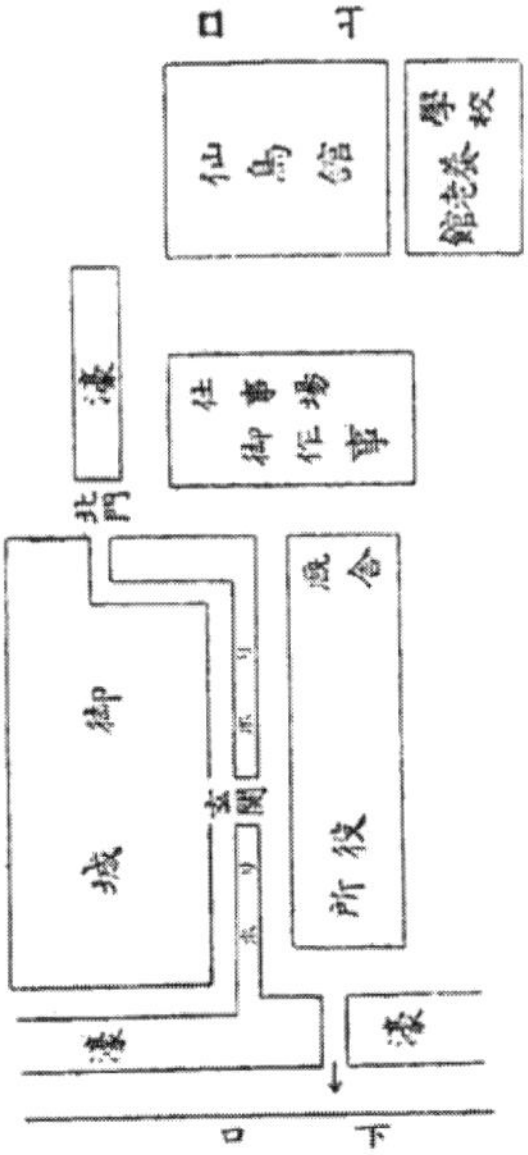

此略図は単に大体を示せるものにして、精細なる地図に照さば異同あるを免れざるべく、御作事とあるは諸材木の置場及各種の工作場なり

予の幼少時。　幼時は出生せし仙鳥館内に住居せり、長兄及姉君は予の出生前既に没せられしを以て、同胞は次兄と予とのみなり、われ等が居室は概ね次の如し

当時われ等兄弟に侍従せし人員は

一、侍女（若干名）
二、幼時に於て乳母（われ等一人毎に二人宛の乳母ありしと記憶す）
三、侍女に附属する下婢
四、家事を司とる家宰
五、侍士（概ね二名宛交番出勤す）

六、侍童（概ね毎日三四名宛出勤す）
七、書記及会計役二名
八、賄頭二名
九、雑役、水汲其他一切の労役に従事する下男若干名

にして母君より聴く所に由れば、随従使役せし婦人の数は一時十八名の多きに達し、又侍士及侍童の数は三四十名の間に在りしと云ふ、これ等の侍士侍童は概ね昼間の勤務にして、宿直する者は少数なりき、尚ほ之に加ふるに八名乃至十名の侍医、交替にて毎夕八九時の間に来診し、予等が健康を診察する為めに脈拍を検し、又特に存置せる尿を検して其量を精密に記帳せり侍医は孰れも瓢逸なる漢にして、徒然なる儘能く諧虚を弄し、若き婦人等に戯ること屡々なりき

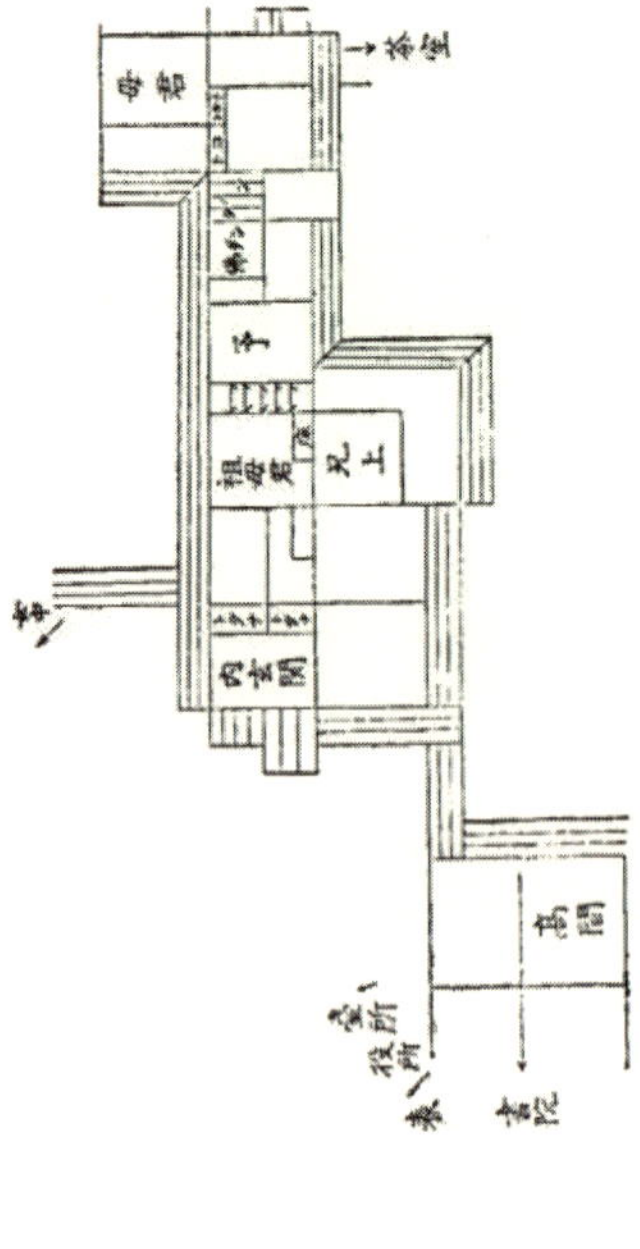

又予等の食物は前記の賄頭に依りて鄭重に調理せられたる上にも、其無害なるを確むる為め、侍者先づ之を毒味し、果物類は新鮮なるものすら概ね喫するを許されず、（殆と許されざりき）多く甘味を与へられたり、こは当時の習俗及衛生思想に基きしものなれども、斯かる多数の侍者、医師及食物の選定等に、如何ばかり無益なる注意の費されしかを想見するに足らむ、運動は多少之を課せられしも、少年時代の活発なる遊戯の如き、又は尤も体育に適し且つ我郷にては特に練習の便宜ありし水泳の如きは、固

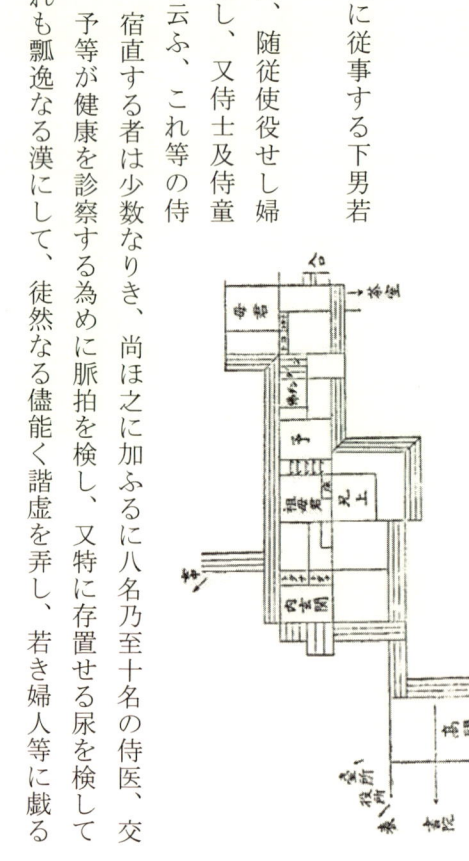

く禁止せられたり、斯くしてわれ等の受けし教育方法は、体力の旺盛より来るべき勇気、耐忍力、独立心を養成するに失敗せり、如何とならばこれ等の能力は、精神及肉体の機能を適宜に且つ健全に練磨し得て、始めて獲らるべきものなればなり、加之多数の侍者の随従せるが故に、殆んど喫飯以外には自力を以て用事を弁ずる機会なかりし状態なりき、念ふに旧時大名と称せられし人々には、素より多少の除外例あれども、手技に拙かりしもの多かるべし、これ全く其幼時より多く練習せざりし結果ならむ、時に書道に巧なる者ありしと聞けども、こは概ね習字に多くの時日を費したる結果として、単に此一事を以て予の推測は決して覆るべきものに非さるべし、之を要するに天賦の能力を練磨発達せしめざりしことは、前述の如き悪結果を来し、恰も才智ある僕、善良なる僕及悪性なる僕の比喩に類するものと謂ふべし、（訳者按ずるに旧約全書中の三僕の故事を引用せられたるものならん）肉体に就きてこの事果して真実なりとせば精神に就ても豈に真実ならざることあらんや

尚ほ此外予等に殃せし悪影響は、常に婦女子に擁せられしが故に、屡鬼神怪談の物語を聞かされしことなり、之が為めに不思議の印象を永く脳裡に留め、今日に至りても斯て妖怪を恐るるに非ずと雖も、尚予が生れし家に於てすら、独座して徹夜せよと言はれんは、聊躊躇せざるを得ざるなり

○教訓＝予が育児の方針。　前述の経験に鑑み且つ近代の衛生学上の理論に基き、児等には其健康を促進するに足るべき適当なる運動を課し、自己の用弁は凡て自己に処置せしむる習慣を養成し、以て肉体及精神上の機能を充分錬磨発達せしむべきなり、憾らくは児等は小胆にして且つ忍耐力に乏しき欠点を有するものの如く思はる、由って

予の希望。　として、予の去りし後も、爾等は特にここに留意し、その天賦若くは遺伝性なる欠陥を自己の修養を以て打破せんことを希ふなり

幼少時代の回想。　幼少時代には特に記載すべき事件極めて少なし、平穏無事なる歳月は移り行き、春去り夏来り秋冬と坦々砥の如く過ぎ行くのみ、其間単純なる喜悦子供らしき悲哀は他の幼年輩のそれと敢て異なることなし、只特に記憶に存せるものは、二回の火災なり、一は学校の出火他は作事場の焼失なり、二つながら仙鳥館に近かりしかば、恐怖の念に襲はれたりき

徳川勢の防長征伐。　坦々たる予の生活に突如一大事変起り来れり、六才（満月を以て計算す以下皆之に倣ふ）の夏、所謂長州征伐は始まれり、敵勢は既に小瀬川畔に寄せ来り、殷々たる砲声は伊勢ヶ岡の彼方に響き、予は母君と共に河内村迄逃れたり、兄上は僅か十才の幼年なりしかど時に城中に残留せられたり。そは將に戦地に踏止まらむとする丈夫は更なり、児童に至る闔国の士気を鼓舞せんが為めなりしなるべし、其時予は猶幼少にして詳に事態を解すること能はざりしも、只避難に際して非常に混乱せる状態を目撃し、又婦女子等に至るまで万一の変に備へんが為に懐剣を携へ行きたることを僅に記憶するのみ、斯る光景は焦眉の危急に処する覚悟及沈著＝＝生死の間に出入せし人々の養成したる特性＝＝を、朧気ながらも予の幼心に注入せりと信ず、但予はこれを以て直ちに此気象を把促し得たりとなすものに非ざれども、只幼時斯る事変に遭遇せしことは全く其経験なき者よりは有益なる影響感化を受け得たるべしと做すものなり、其後戦乱熄み危難去るに及んで、予等は帰館し、尋で京都付近及東北に於ける戦争に就て、半解ながらも伝聞することありき

父君の御逝去。　七才の春父君には世を去り給へり、予は御臨終に近き御病床に伴はれしが、幼少なる予は死の意味を充分解すること能はざりしも、御呼吸も苦しげに悩ませらるるを見ては、何にとなく眼の潤ひ来り深き寂寞悲痛の念に満されたるを覚えき、軈て御言葉をかけさせ給ふ御力さへ失ひ給ひし父君には、その瘠せ衰へたる御手を以てわれ等兄弟を撫づるが如く為し給へり、後に侍者よりこれぞ亡き父君のわれ等兄弟の互に争はず相愛し相扶けんことを誡め給ひしものなりと言ひ聞かせられたれば、予はその後常に此事を思ひ出でて深く戒しむる所ありき

教訓。　予はこれを記しつつ爾等の同じくこれを服膺せんことを望むや切なり、爾等兄妹の数は多し、されば特に相愛し相扶け、小異の生ずることあらんも互に寛容し、決して怨嗟嫉視せす、互に悪感情を抱くこと勿れ、若し爾等の中不幸に遭遇するものあらば、之を援助するに一致協力せよ、又その一人の邪路に迷ひ入るが如きことあらば、力を協せ之を匡正誘導するに務むべし

祖母君の御死去。　父君の歿し給ひしは陰暦三月なりしが、同しき歳の冬祖母君にも亦身まかり給へり

本邸へ移居。　父君の世を去り給ひし後、兄上は一藩の主君として本邸に入り、予も幾もなく之に移り、全く婦人の手を離れて男子のみを随従せしむることとなれり、本邸に於ける居室概ね左の如し本邸に於て予等に随従せしものは、四名の侍士及略ぼ同数の侍童にして一婦人を交へず、この外表向きには三名の重役及数多の書記会計方あり、これ等の諸役員は藩政に関与せずして単に家事のみに鞅掌す藩政は前述の如く道路を隔てたる庁舎に於て行はれ、家老中老及その他の諸役員等之を掌り、時々兄上

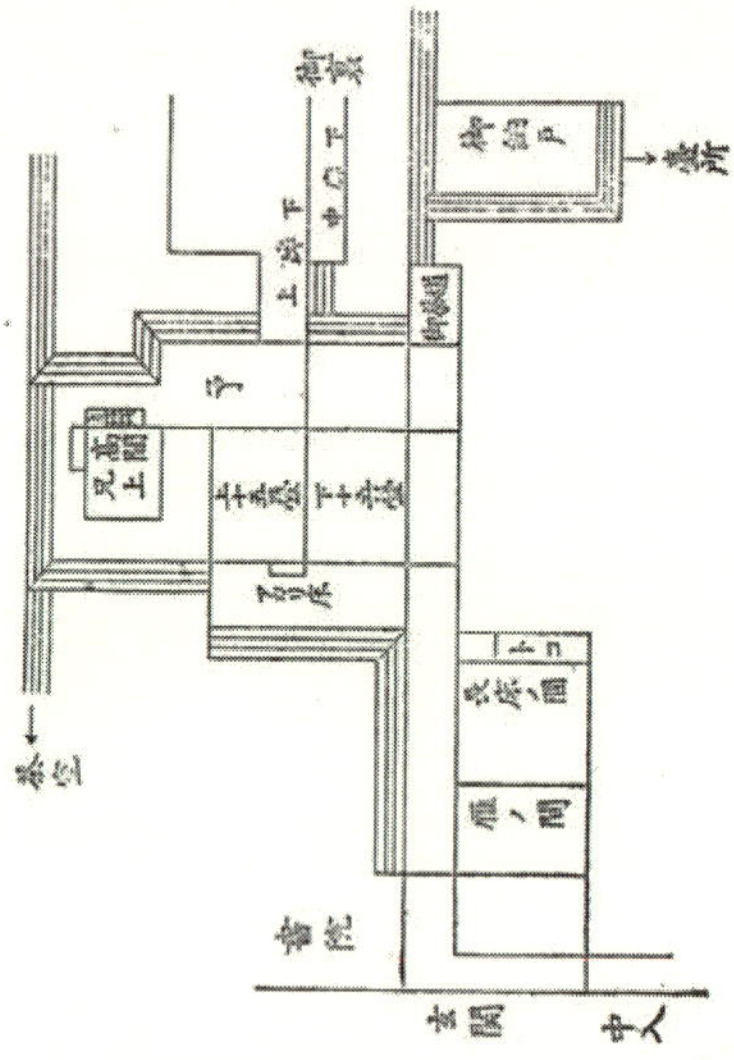

に報告しその決裁を仰げり、蓋兄上には御歳尚ほ若かりければ、多く之を了解せられざりしことなるべし、此外われ等には侍医及茶道《おさどう》と称せる点茶、生花及諸礼式を掌る輩付属せり、侍者の総数は確かと記憶せず、斯る間に戦雲収まり維新の大業全く成れり

読書癖。　此頃より何時とはなく、就寝の際侍者より稗史類を読み聞かさるる習慣を作れり、読み本は太閤記なりしが、後自から読み得るに至りて遂に読書狂とも言ふべき程に興味を覚へ、終日手より巻を釈てず、目覚むれば直ちに読み、結髪の間にも読み、食事の案内を受くるも怨めしく、終れば直ちに読み続けたり、その欲望の甚しき、嗜好すると言はんより寧ろ耽溺せりと謂ふべき程なりき当時衛生上の智識乏しければ、何人も之を制止するものなかりし儘に、予は毎日読み続け、終に浩瀚なる三国志をも読破し、水滸伝を繙き始めたり、其頃となりて侍者等は初めて予の健康の害はれしを看取し、既に後れたれども、努めて屋外に誘はんと試むるに至れり、一日予等は小船に乗じて錦川を下り、一小丘に登りしが、其途上終に卒倒して仙鳥館に連れ帰られ、久しく危険なる病床に臥し、母君の温かき看護を受くることとなれり、病症は確と記憶せざれども、恐らくは腸窒扶斯の類なりしならん、依りて思ふに、日常の習慣は病の直接原因なりとは言ひ難きも、斯る習慣は少くとも健康を害し病魔に冒され易き結果を誘ひしもの

なるべし、英子は結髪の間にも日記を認むるが如く、物に熱中し易き性癖あれば、屡々注意を加へ置きたることなり、幸に近時の教育及生活状態は斯る悪習に陥ることを防ぎ得べけんも、尚ほ爾等の恒に健康に留意せんことを望むなり、健全なる精神は只健全なる身体に宿ることを決して忘るること勿れ

読書の及ほせる影響。　されど予はその読たる稗史類の内容に由りて、悪感化を受けたりしとは思はず、水滸伝に見はるる諸豪傑の不可能なる冒険や、豊太閤の事業を模倣せんとは、幼な心にも思はざりき、されど只一事特に心を動かし今尚ほ記憶に存するは、三国誌に現はるる関羽の性格が、弱者に対し任侠温和にして、強者に対し豪胆不屈なることこれなり、予の生涯中常に強者の前に畏縮し、弱者に対して暴慢なる人を見る毎に、之を軽蔑する念を起せしは蓋し此感化に由るものなるべし、之を要するに、読書に由り得たる利益は、通俗の読物として孰れも名著の内容を知り、また之に由りて多少歴史の事実を知りしことなるべし

修学。　この頃予は吾か師（下連城）に就き漢籍及作文を学へり、その課程は論語全篇日本外史の幾分にして、亦詩作を試みたりしと記憶すれども、予の脳力には稍難きに過ぎ、充分其意義を理解すること能はざりき

尾津別邸へ移住。　病気平癒後、予は移りて尾津の別邸に居れり、これ一は病後の保養、一は従来の城内居住よりも一層簡易なる生活を営まんが為めなり、此移動は予の生活状態に多大なる裨益を齎らせしを以て、頗る賢明なる措置なりしと覚ゆ、但従者は尚ほ多数なるを免れず、主なる伝役（香川雪鴻）の外、二名の侍士同数の侍童一名の書記、必用なる侍医及数名の賄夫、小使等なりき、されど従来より

も予の身体は自由と為り、多数の者に囲繞せられ辞儀せらるることなくして容易に外出し得たるを以て、大に運動の機会を得、又下情をも見聞する便宜を得たりき、当時兄上の家長として城中を去る能はざりしは実に一大不幸なりしも、時々予を訪問せられたりき

二回の旅路。　確かに年月を記憶せざれども、恐らくこの頃のことなりしと覚ゆ、始めて予は二回の旅程に上りぬ、その一は宗家毛利公に謁せんが為め山口へ、その二は遊覧の為め柳井及その付近へ赴けるなり、山口へは制規の鹵簿を整へ、途中或は予が愛馬タイシンと称する小馬）に乗り、或は駕籠を用ひ多数の従者を随へ、到る所小公子の待遇を受け、山口に到りては毛利公の館に迎へられ、御一家の方々にも謁し、滞りなく儀礼を終りて帰途に就けり、柳井へは馬上若くは徒歩にて赴き、諸所を遊覧し非常に愉快に感じたりき

大阪行。　尋で予は大阪に赴けり、蓋し此等の旅行は他日更に飛躍して東京に赴くべき為めの予習なりと信ず、海路兵庫に到りそれより大阪に赴き、幾もなく帰途に就けり（瀬戸内海航行の記事は別項に記すれば茲には略す）

東京遊学。　明治三年（一八七〇年）の春生来初めての大旅行を試みたり、雛は方に永遠にその旧巣を辞し去ることと為れり、随伴者には常の如く主なる伝役長新兵衛、家従菅荘吉井上唯一の二人、侍童田中貞吉及侍医宇都宮正堅等なりき

瀬戸内海。　多数の見送りを受けて新港を船出し、是より兵庫迄確かに二週間の日時を要せしと記憶す（此頃の航海は風力次第にて時日に長短あるを免れざりき）われ等が乗れる小船は、順風なれば徐々

に進航すれども、若し逆風無風又は時化となれば直に付近の港に仮泊して天候の回復を待ち、又夜間には碇泊して進まざりき、当時沿海諸所には風波の難を避くる為め石堰を遠く海中に築きて船舶の碇泊に便ぜし多数の小港ありて、現時尚ほ多く其遺址を存し小船漁船の碇泊に用ひられつつあり、是等の碇泊所は概ね各諸侯領邑の主要都会に通ずる港にして、其領邑は一種の半独立国なれば、各港其所属国を異にし、従て各々其方言、風俗、通貨等を異にせり、此奇異なる現象は痛く予の若き心を動かし、又其店頭に陳列せられたる商品は予の感興を惹き、或は其奇異なる風習は予の好奇心を高めしめたり、又海上にては風光明媚なる群島の間を縫ひつつ、徐ろに佳景の移り行くを眺め、気裕かに心楽しきこと限りなし、前にも述べしが如く、われ等が進航は順風を得ても尚ほ遅々たり、若し風落ちなば櫓を用ふ、されども稍大なる船に於ける力漕の効力果して若干ぞ、現に眼前に見ゆる港に達するにすら尚ほ数時間を要せし程なりき、船上にては水夫の調理する食事を喫す、魚類は新鮮にして美味なれども、飯及茶は鹹味あり、但海気は予が幼き食欲を唆りて何物をも美味ならしめたり、要するに此航海は予が生涯中に於ける愉快なる回想の一たるを失はざるなり

神戸横浜間。　航海日子を積んで、漸く神戸に著し横浜に向ふ、搭乗せし汽船は米国より購入せし古き木造外輪の構造にして「ゴールデン、エージ」と称せられ、今日より見れば不恰好極まる木盤なるべけれども、その当時に於ては最新式の汽船にして、東海道中の膝栗毛に代へて之に搭乗するは、文化の頂点たる観ありき、横浜及神戸は最近の開港に係り、尤も新奇なるものとして当時の人目を驚かせしものなれども、予には汽船も外人居留地も特に注意を喚起するに足らざりき、蓋し予の無経験なる耳目に

は、看るもの聞くもの悉く珍奇ならざるはなく、其間内外の区別を付する余裕なかりしを以てなり、されば予が外人との最初の接触は、殆ど予が心を刺戟するものなかりしも、年歯少し長けたらんには然らざりしならん、かくて紛々擾々たる航海（事実然らざりしならんも）を為したりと覚へたる後、終に横浜に到着せり

横浜東京間。　横浜より東京に到る間は四輪馬車に乗れり、馬車は最近の輸入に係り、当時は横浜東京間を往復しつつあるものと、他に極めて少数なる自用車あるのみにて、其馭者は概ね外人なりき

東京着。　東京著後長州藩邸構内に在る一長屋に入れり、維新の際諸大名は、各々其邸第を返上し別に新邸を賜はりたるが、中にも勢力ある諸侯は概ね好位置を得たり、長州藩邸は神田橋に近く、現時の大蔵、内務両省の在る一区劃にして、薩州藩邸は今日の印刷局、土州藩邸は長州藩邸の東隣に在りき、予が住居せし長屋の構造次の如し

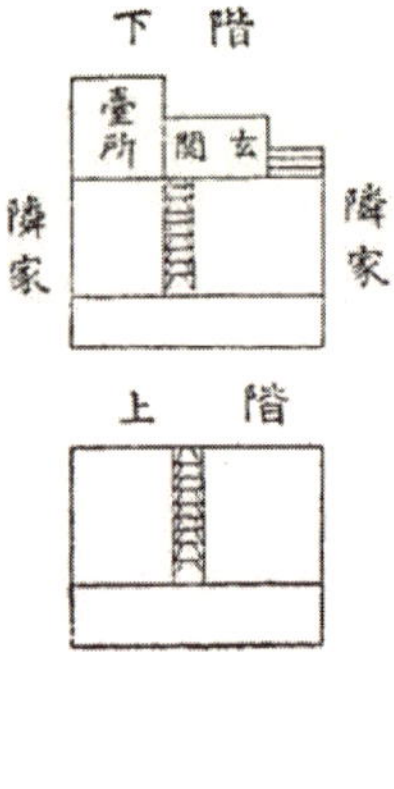

斯る狭隘なる住居に於て、前述の同行者と共に新生活を営み、堂々たる城中の生活より忽ち常人普通の生活に移りしことなれば、伝役長は予をして之に慣れしむるに苦心せしことなるべし

追懐。　此時まで予は一小公子として多数の侍者に擁せられ、懇到なる看護を受け、日常の万事悉く他人に由りて処弁せられたり、されば其状恰も温室植物の自然の寒温にすら耐へ得ず、尚更風雨に向て戦ふこと能はざるが如く、精神肉体の二ながら其自然の発達を遂ぐるに失敗せしものと信ぜさるを得ざりき

開成校。　東京著後幾もなくして開成学校＝一時大学南校と称せられ終に今日の帝国大学に発達したるなり＝に入学せり、此所にては幾多の新友人を得たり、即ち同級生は孰れも同列者にして、決して之を侍童と見るを得ず、教師は悉く上長者にして、決して従者と目すべきに非ざりしなり、然れども斯かる境遇上の変化に対しては、極めて自然に馴致せられしを以て、予は寧ろこれを愉快に感ぜり、只予は同学中に伍して内気なりしならんと想像せらるるのみ、学生は概ね士族の若き子弟にして、高等なる新教育を受け、他日青雲の志を得んと欲するもののみなれば、予も亦一士族として入学し、入江二郎と云ふ名称を用ひたり、学科は語学（英、仏、独）及数学のみなりき＝当時未だ他の諸学科は発達せざりしと覚ゆ＝予は入学後天稟に学才あることを証せり、十五名乃至二十名より成れる英語の学級中、僅に十歳の幼者にして年長なる同窓を抜き、常に第三位の成績を占め、中間に二学級を越ゑて三級を昇進し、而かも殆んど首席を占め得たり、これに由りて教師よりは鉛筆を、学校よりは「グッドリッチ」氏の英国史を賞与せられ、兄上よりは金時計を恵まれたりき

兄上の御上京。　明治三四年の頃（確かに時日を記憶せず）兄上も師伝下連城）及三名の侍者、一名の侍医、二名の学友、一名の書記と共に上京せられたり、長屋は頗る狭隘を告げしかば、隣接せる長屋の二三を打ち貫きて、下僕等を除ける十五名の一家族は之に住居せり、兄上も開成校に入学せられたれば共に通学し、又所々を遊覧し、漸く外界の事情に通ずることを得るに至れり

当時の世態。　当時の世相を回想すれば、三大現象の特に顕著なりしことを記憶す、即ち変革の思想、進歩の精神、藩閥の勢力これなり＝変革＝時は恰も過渡時代に属し、東京の外観は未だ平穏の域に

到らず、百般の事物猶混乱の状態にあり、維新大変動の後、其内面には尚ほ抑圧を反発せんとして動揺擾乱の気勢鬱勃たること、宛も火山爆発後冷却せざる溶岩の沸騰するが如く、暗殺若くはその企図は時々天下の耳目を聳動せり＝進歩＝盲目なる急進は一部人士を支配せる思想にして、文明開化なる語は時代を指揮する号令なりき、断髪廃刀を断行して泰西の文物を急速に模倣するは進歩の最高目標にして、欧米の風習制度は尤も優秀なる人々によりて学ばれたり、古老及守旧者中には、この新思想を斜視軽蔑せしもの尠からざりしも、予の記憶にして誤なくんば、思想界の風尚は所謂文明開化なる渦中に投ぜられ、予自からも亦その一謳歌者にして、尤も早く断髪廃刀を決行せしものの一人なりき＝藩閥＝主なる藩閥は政界及社交上の偉大なる勢力を有し、相互に異縁交際せり、予は一学生として簡易なる生活を営み居りしに拘はらず、尚ほ時々長州支族の一として木戸、広沢二氏より招待を受け、或は土州侯にも招かれしことを記憶す

淡路町邸へ移転。　この間に兄上は帰郷せらるることとなりしかば、予は途中まで同伴し、鎌倉、金沢、江ノ島等を巡覧せり、尋で兄上上京せらるるに及んで淡路町の邸に引移りたり

米国留学。　明治四年（一八七一年）の冬岩倉大使一行の欧米諸国巡遊のことあり、公務を帯べる者及学生等の之に随伴せんとするもの頗る多数なりき、予の師伝及諸長老等も亦此好機を捉へ、予を此一行に托して、海外に留学せしめんとする大胆にして而かも賢明なる措置に出でたり、こは頗る決し難き問題にして、経費の支出も素より其重要なるものの一なりしが、就中尤も考慮を要すべきは、予の健康の果して之に適するや否やに在り、長老、師伝等の之に対する責任は、頗る重大なるもの存せしと雖、

当時を風靡せる進歩的精神は、彼等をして終に此挙に出でしむるに到れり、蓋し一たび太洋を越ゑて彼岸に赴かば、文明開化の華は粲然として咲き乱れ、未だ夢想だにせざる文物学芸は之を見聞学習するに容易にして、夫の遅々として時のまに〳〵輸入せられつつある我が新学術の如きは、之を一瞬時の間に修業し得らるべく、異日の立身成功を得る途は、一に海外の新智識を積むに在りと信ぜられ、其成果の大なる敢て犠牲を払ふに値し、黄金の果実を摘み取らんには、又多少の危険を冒すを辞すべからずと思惟せられしなり、予は斯る事柄に就き深く考慮する所なく、只新奇なる世界を目撃せんが為め熱心に此計画に賛同せり、予の同行として選択せられたる従者は、医師土屋（静軒）及田中（貞吉）両名なり、某日われ等は好晴に乗じて横浜に至り、一旅館に滞在して汽船の出帆を待てり、こは汽船と雖も尚ほ風力潮流に支配せらるべしとの迷想より、若し順風に乗じて急に出帆することあらば、乗り遅れんことを慮りしと、当時未だ鉄道開通せす、急速に旅行すること能はざりしを以てなり、吾れ等が乗船は、太平洋郵船会社の亜米利加丸にして木造外輪の構造なり（後桑港内に於て焼失せしと記憶す）予の傅役長新兵衛は、船中まで見送り来りしが、是れ実にその親切なる顔を見るの最終にして、彼は予の帰朝前物故したりき

航海二十四日にして桑港に着せり（航海中の記事は昔日譚に属すれば茲に略す）先づ巍然たる建物の櫛比せる壮観、尋で上陸後の市中の光景は、痛く予を驚喜せしめたり、百名を超ゑたる大使の一行は、三軒の旅館に分宿せり、大使及高級諸官は「グランド、ホテル」に、一部は「リック、ホテル」に、而してわれ等青年及幼年者は多く「オリエンタル、ホテル」に止宿せり、尋で桑港より鉄道に乗じ「シカ

ゴ」に向ふ、当時の「ユニオン、パシフィック」会社の鉄道は頗る不完全なるを免れずして、途次大降雪の為めに阻まれ、三週間を空しく「ソート、レーキ」市に淹留することとなり、名こそ厳めしく「アメリカン、ホテル」と称せしも、一「モルモン」宗信者が三人の妻女及十五人の子女と共に経営せる一旅館に投宿せり、夫より「シカゴ」に到着せし時は、恰も同市は大火災後なりき、此所にて大使の一行は分隊し、大使は「ワシントン」府に、其一部は「ニュー、ヨルク」及其他の都市に向へり、初め予は英国へ留学する予定なりしが、今や旅程に日を重ね来りて、旅費は「ソート、レーキ」市不慮の滞在に稍欠乏を告げ、且つ再び太洋を横断して、更に遠く故国の空を離れんは頗る躊躇せられたり、仍て外国事情に通ぜる同行者の意見に従ひ、遂に予が第二の故郷とも云ふべき「ボストン」に赴くに決し、現黒田侯爵の先代及其同行者なる金子、團諸氏と行を共にせり

「ボストン」着。　「ボストン」着後「セント、ゼームス、ホテル」に旅装を解ける吾等は、直ちに寄寓すべき適当なる家を捜索するを要せり、厳冬の某日、故国にては嘗て経験せざる寒気を冒して、本間栄一郎氏の案内にて寄宿の捜索に出懸けぬ、偶々桑港領事「ブルークス」氏より此市の「ウヰリヤム、ブリガム」氏宛の紹介状を有せしかば、先づ同氏を訪ひ氏の尽力に依り「コンコード」市の「チャーレス、ナザニール、フオルサム」氏の家庭に寄寓することとなれり

回顧。　茲に予は過去一二年の間に於て急劇なる大変化に遭逢せり、即ち岩国に於ける平静なる境遇を離れ、先づ幼弱なる羽翼を振って大阪に飛び、更に東京に翔り、今や遂に太平洋を越ゑて一躍大々世界へ出で来れり、是実に大胆なる行為にして、当時に於て特に然りしと雖、今より之を追想すれば、尤

も賢明なる企画なりしと謂はざるべからず、其心身を練磨し、進取の気象を涵養し、夥多の経験を得、見聞を該博ならしめたるは、実に此挙の賚なりと為さざるべからず

「コンコード」に於ける生活。　「フオルサム」氏の家庭は、氏と妻女及一人の娘より成り、外に息一人、女二人あれど皆出でて他郷に在り、「フオルサム」氏は老齢既に六十余退隠せる宣教師にして古代の「ニュー、イングランド」人の典型とも謂ふべく其家庭は実に挙つて善良及信仰の権化なりき、予は(記憶にして誤なくんば)明治五年(一八七二年)の三月より八月迄、此家庭に同居せしが、この半歳の時日は、今尚ほ余の心裡に尤も鮮明に印象せられ、其愉快なる追想の中には、数多の教訓と有益なる経験とを含めり、凡そ幼少時代は追憶新に且つ幸福を感ずるものなるが、予の「コンコード」に於ける思ひ出は特に然りとす、顧ふに小児の心は受容の力強きものなれば、其生活の短時日なりしにも拘はらず、此地に於て見聞せし新事物は、深く予を感動せしめたるにより、予の生涯中に於て尤も重要なる時期なりしと謂ふべし

自然より受けたる印象。　予の「コンコード」に到着せし頃は、積雪尚ほ地上に在りしが、忽にして「ニュー、イングランド」の春光熙々として和煦の気天地の満ち山野の春粧、日に新に、渓々たる「コンコード」の川は航行し得るに至れり、幾もなく春去り夏来り、予は或は近郊に散策を試み、或は「ボストン」府に遊び、愉快なる日月を送れり、当時予が好んで玩具の風船を弄びしことを語らば予の如何に幼少なりしかを想像し得らるべし

学事。　「コンコード」滞在中、語学として「ヒルバルト」第四読本より講読し、外に算術、文典、

地理及作文を学べり、この頃日本に於ける智識の程度は頗る低く、成人と雖、地理学、時としては数学の智識をも有せざりしことなれば、齢既に三十に達せる土屋も、これ等の諸学科に就きては予と共に新学生たるを免れざりき、予は漸次日本語を忘却せり、蓋し新教育を受くるに方りては、寧ろ未熟なる母国の智識を忘失するを義務の如く感じたれば、不幸にして遂に之を忠実に実行する結果とはなりぬ

学問及四囲の影響。　「フォルサム」氏の家庭に於ける規律ある生活状態は、日本の不規律なるそれと全然趣を異にせり、例へば予は従来何時に就寝するの習慣なりしやと尋ねられ、大にその答に窮せしことを記憶す、如何とならば予は嘗て就床の時間を定めしことなく、只睡気を催せし時、若くは諸人の寝室に赴くと同時に臥床するを例とせしを以てなり、斯くて時間を正確に恪守する習慣を養成せられしは、予に在りて一種の大革新なりき、又清浄なる生活、敬虔なる信仰及深厚なる親切心の涵養は、この家庭との同棲に由りて受けたる感化のうち特記すべきものなり、某日予は教科書の一章を読み、始めて誠実てふことの神聖なる美徳たるを深く心に感ぜしことありき、直言すれば予は此時まで敢て悪意には非ざれども、虚偽の悪むべき行為たることを深く心せざりしを以て、始めて痛く自己の過失を覚り、爾来真実を語り、且つ特に他人より依頼せられたる事柄以外に、秘密を有せざることを主義と為すに至れり、予は重ねて断言せん、時間の確守、誠実、公明、真摯及約束を確守することは予の一生を通じ遵奉努力したる所にして、予を知れる者の必ず此言の真実なるを首肯すべしと信ず

訓戒。　これ等の諸徳は、「コンコード」又は「ニュー、イングランド」に於てのみ特に尊重すべきものに非ず、何れの国いづれの時を問はず、美徳として各人の恪守すべきものたるや言を俟ず、爾等は

往々これ等の美徳を極端に遵守する者を嗤笑し、却て迂者と呼ぶ不謹慎漢あるを目撃することあるべし、されど予は断じて言はん、これ等の美徳を涵養恪守するは、長き歳月の間に於て毫も失敗損失あるべきものに非ざることを、故に予は汝等に左の美徳を養成せんことを訓戒す

一、規律ある習慣を作れ

二、誠実にして真摯なれ

三、秘密を有すること勿れ（決して他に語るを恥づるが如き行為をなす勿れ）

四、約束を守れ（然らば他も爾等を信ぜん）

五、他人に親切なれ（然らば他も爾等に親切ならん）

「コンコード」に於ける宗教上の感化。　前述の如く「フオルサム」氏の家庭は、殆んど清教徒の信仰に近き厳格なる宗教的家庭なりき、毎朝及毎食事には必らず全家族に由りて熱心なる祈祷捧げられ、安息日なる日曜日には、家中は恰も死の如く静粛に、室内の暗黒陰鬱と為るにも拘はらず凡ての窓は閉牑せられ、無論全家族は教会に出席するを例とせり、又この日には凡て料理を廃するを以て、予等は僅かに二食を喫するのみにして、為めに空腹を感ぜしこと屡々なりき、某日曜日のことなりき、予は庭上に出でて投球を為しつつありしに、平素尤も温和親切なる「フオルサム」夫人は、家中より走り出でて予を痛く叱責し遊戯を禁止せり、（斯く叱責せられしは此時のみに限れり）素より安息日の意義を解せざりし予は、充分此叱責の意を解せず当惑せざるを得ざりしが、夫人は予の行為を最も悲むべき罪悪なりと認めしなり、それは此家族の聖書に記せる次の神命を畏み厳守しつつありしを以てなり

此日（安息日）に於て爾等は労役に従ふこと勿れ、爾のみならず、爾の男子も、爾の女子も、亦爾の下男も、爾の下婢も、尚ほ爾の家畜も、将た又爾の門内に在る旅人も（旧約全書第二巻第二十章）斯の如きは尚ほ幼稚純正なる予の脳裡に強き感化を及ぼせし所なるも、予は進んで厳格なる宗教上の儀式典礼を遵奉せざりしを以て、後日にも明白なるが如く、遂に基督教信者とは為らざりき、予は今爾等の信仰に就き干渉せんとするものに非ず、率直に言へば予は未だ確固たる宗教上の帰趣を把捉せざるを以て、斯の如きは之を爾等の意思と修養とに委ねんと欲するものなれども、只爾等が論語若くは数世紀間良書と確認せられたるものを読むと同じく聖書を一読せんことを奨むるものなり

「ボストン」に於ける学校。　「フオルサム」氏の家族に深く親睦したる予は、明治五年（一八七二年）九月悲しき別れを惜しみつつ、「コンコード」をさつて「ボストン」に赴けり、そは正規の学校に入学するを一層賢明なる措置なりと思ひたればなり、「ボストン」にて入学せし学校は

「ライス、グランマー」学校へ明治五年（一八七二年）九月より同八年（一八七五年）六月迄在学

「チヨンシー、ホール」学校へ同八年（一八七五年）九月より同十二年（一八七九年）六月迄在学

此二校に於ける学科は当時一般に普通学として課せられたるものにして、予の記憶に存するもの凡そ左の如し

「ライス、グランマー」学校

読方　「ヒラールド」氏「フランクリン」第五第六読本

書方

作文
算術「イートン」氏「グランマー、スクール、エンド、インテレクチュアル、アリスメチック」
文典「ケールス」氏
綴方
歴史「アンデルソン」氏合衆国史、「ウースター」氏英国史
地理「ウヲーレン」氏
尚ほ此外に唱歌をも課せられしが、予は同学の同胞と共に、他の諸学科を専心勉励すべしと云ふ口実の下に、之を免除せられたり、蓋し其真意は、日本守旧の考にして、当時予等は唱歌を甚だ野卑なる行為と考へ、之を嫌悪せしに外ならざりしなり、之と同じき理由を以て、遂に舞踏をも為さざりき
「チヨンシー、ホール」学校
読方「アービング」氏「スケッチ、ブック」「スコット」氏湖上の美人、沙翁劇曲
書方
作文
句読法「ウイルソン」氏
数学　算術、代数、平面及立体幾何、三角法
綴方
物理「ガノー」氏

歴史　希臘、羅馬
地理　古代及現代
古典　拉丁、希臘
外国語　独逸
文学　論文及小説類

是の如くにして米国児童の受くべき一般普通教育を学習したれば、思想も自ら其影響を受けたることなるべし

予は頗る学課に勤勉し「ライス、グランマー」学校在学中は、常に全員四十人中三位乃至七位の席次を上下する成績を得、「チョンシー、ホール」学校に於ては、優等生として卒業し、成績全般に対し第一等金牌を、雄辯《デクラメーション》術に於て第三等金牌を、英作文に於て「テーヤー」協会の賞牌を得たり、予は衷心より勉強を好み恒に孜々として倦むことを知らざりき、特に「ハーヴアード」大学へ進入する前年に於ては、毎日十一時に就寝、五時に起床するを常とせり、これが為め或は健康上必要なる運動を欠ぎしが如く、蹴鞠は頗る之を好み、機会ある毎に試みしも、体育に尤も有益なる野外散歩を行ふこと能はず、運動の不足は本来強壮なるべき体質の発達を阻碍せしことありしなるべし

「ボストン」に於ける寄寓及下宿。　「ボストン」に於て予は最初「スプリング、フィールド」街なる「ダンハム」氏の家に寄寓せり、この家は普通の下宿に非りしも「ライス」小学校教師「アリソン」嬢及その母と妹、金子、團の諸氏幷に田中、土屋等と同宿せり、故に「コンコード」に於けるが加く家

庭的感化を受くる便宜なかりしも、年長なる同宿者及学校に於ける友人より多くの利益を得たり、一時此地には同胞の遊学するもの稍多数にして、日本人倶楽部さへ設けられたりしが、予はこれ等の人々と多く交際せざりしを以て益々故国の風習及言語を忘失せり

尋で明治六年（一八七三年）と記憶す、「ダンハム」氏は「ボストン」より他に移転したるを以て、田中と共に他の宿舎を捜索し「コロンバス」街二九三番地に於ける普通の下宿をトし、後西「カントン」街二三八番地なる「ホヰーラー」氏の家に移れり、こは「ライス」小学校同級生に、「チャーレス、ホヰーラー」とて頗る怜悧にして常に首席を占め居る一学友を通じて、この家族と相知り遂に寄寓するに至りしなり、明治七年（一八七四年）若くはその翌年より同十二年（七九年）迄同家に在りて、恰も我が家の如き親しみを有するに至れり、予は茲にこの家庭と「フオルサム」氏の家庭とを比較せざるべし、何となれば後者は深き信仰心を有する「ニュー、イングランド」旧家庭の完全なる典型にして、一の異例なる家族と目すべきものなればなり、加之予の先づ「コンコード」に赴きてその幼少なる眼に初めて米国の新事物を観たりしことは、或は「フオルサム」氏に対する尊敬の念を一層過大ならしめしやも知らざれども、尚ほ今日に於てすら予の性格は此家族の力に由りて一層純良に洗練せられしことを信ずるものなり、「ホヰーラー」氏の家庭はこの希有なる理想的家庭と比較し難きも、氏も亦頗る好人物にして、予は常に其夫人を母と呼びぬ、予はこれ等の家に寄寓して米国に於ける家庭生活の一般を知悉することを得たりき

夏季休暇。　夏季休暇は常に旅行を試み次の地方に赴けり、即ち明治六年（一八七三年）には「リ

ン」に赴き、翌七年（七四年）には「マウント、デザート」を攀ぢ、同八年（七五年）には「ホワイト、マウンテン」へ登り。翌九年（七六年）には日本へ帰省し、同十年十一年（七七年及七八年）には「ニウハンプシャー」なる「ホリス」に遊ぶ、此地には「ホヰーラー」氏同胞所有の大なる耕作地あり、同十二年（七九年）には「コンコード」に赴きて幼少時代の光景を追懐しぬ、斯くて日本に帰省したる以外、嘗て「ニュー、イングランド」州以外に出たることなかりき

「ボストン」及「ニュー、イングランド」に於ける感化。　少年の心は尤も柔軟にして恰も若き苗木の容易に之を撓はめ形つくるを得るが如し、されば予の十四歳より十九歳に至る永き生活に於て、四周の感化のその性格上に影響せしこと亦想像するに難からざるなり、今にして明確に、何の事件、如何なる人物に由りて、如何なる感化を受けしかを断言するは、素より困難なりと雖、予の信ずる所に由れば一般の感化概ね次の如し

一、自主独立の精神、若し予にして海外に留学することなく、尚ほ数年間日本に在らしめなば、依然多数の侍者に囲繞せられて、その心身を練磨する機会を失せしことなるべし、海外留学を決行せし一理由は、自活の途を得るに必要なる教育を受けんとするに在れば、此一事既に、依然日本に留りしとは大なる相違を来し、明かに精神の健全なる状態に在りしことを示せるものなり、予は信ず青年時代に於ては困難なる独立の他を依頼せんとする思想に優れること万々なるを、児等よ、予は爾等が自主独立の精神を養成し、異日他の援助を借らずして、社会に自立するに充分なる修養を積まむことを切望す、国民の独立と個人のそれとは、其間多少の相違あるべしと雖、米国に於て屡々繰り廻さるる独立なる語は、常

に予の心耳に響き、独立記念日、独立百年祭の如きは、予に独立の観念を鼓吹したること少からざりき
二、平等の思想、予の若き心を感動せしめたる史上の二大事実は、独立戦争及南北戦争とす、前者よりは既述の如く自主独立の精神を鼓吹せられ、後者よりは平等及人道の思想を得たり、即ち予は劣者を労はり、弱者を憐むことを学べり、これ等の気風の消長如何は予想し難きも、現時の我国に於て、凡て重荷を弱者の双肩に担はしむる風潮あるを看るは、頗る遺憾とする所なり、予は呉れ〴〵も人類は凡て平等なりといふ観念を爾等の固く心中に蔵せんことを望むものなり、偶然の生れ出は決して人間の貴賤優劣を定むるものに非ざれば、爾等若し地位の向上を望まば、己れの価値と己れの努力とに由れて之を獲るに努めよ、又労働の神聖なることを知るべし、正直に労働すれば、何人も必らず尊敬せらるべく、怠慢にして不精ならば、何人も当さに軽侮せらるべきなり
三、義務の観念、　こは予が遺伝的性格の一なるべしと雖、学窓に於ける教化及読書より得たる感化とに由りて、一層充実することを得たりき
四、規律的習慣、　学校及家庭に於ける生活状態は、予に秩序あり規律ある習慣を養成せり、斯の如きは恐らく日本に於ては受け得ざりし所なるべし
五、純潔及性慾、予は米国留学中、嘗て飲酒せず、又異性に近接することなくして厳正なる礼節を遵守するを以て自己の責任と為せり、日本に於ては習俗の力は予をして飲酒し、或は賎しき婦人に接近するを避け得ざらしめしなるべし、予は幸運にも斯る誘惑を脱し、その生活及思想を純潔に維持することを得たりき

米国教育に於て喪失せしもの。

一、日本語に関する初歩教育の全部を忘失せり、其後充分之を恢復する余裕を有せず、且この欠陥は社交上大なる不利益を来せり

二、習慣及思想上に於て普通多数の同胞と往々相違を来せり、斯くて屡々思想の根柢上友人等と疎隔する場合を生じ、為めにその同情を失することありき

三、予は殆ど幼年時代の友を有せず且学友との交誼を温むる機会を屡々失し、為にこれ等諸友より得らるべき援助を失へり、加之学校時代には、多く社交を為さざりし結果、世故に早く熟達する機会を失せり、斯る才能も実社会の成功には屡々必要なるものなればなり

「ハーヴァード」。　明治十二年（一八七九年）六月「ハーヴァード」大学の入学試験に合格し、十月より入学することとなり、非常なる歓喜満足と矜誇に充されつつ、「マツシユー」館の二十三号室を占領せり、今は必要なる家具の完備せる一室の主人となり、全く独立生活を営み、且つ既に一青年に非ずして若き紳士として他の紳士と交際するに至れり

「ハーヴァード」大学に於ける四ケ年間は、予の生涯中尤も光輝ある時代なるが如く、其追想は常に予の脳裏に新なりと雖、其間に遭遇せし事物は大学教育を受けし者の均しく経験する所と同一なるべければ、茲には斯て特記せざるべし、但予に在りては、啻に大学の学芸のみならず、其学風より受けし影響、及尤も善良なる思想上の感化、并に優良なる階級に属せる人士との交際より受けし利益は、最上の教育を予に付与せしものなりと計上することを得べし、予の修めし課程は、寧ろ散漫にして、歴史、経済、国際法、文学、語学等を含めり、而して予の不幸と為すは、自己の無経験を熟慮又は他人の忠言に由り

て補足すること能はずして、只管己れの欲する儘に行動し、往々精力を徒費せしこととなり、されど「ハーヴァード」の課程は、予に教育の基礎を築き上げ、米国留学の結局を告げしめしものなり

歐羅巴漫遊。 明治十六年（一八八三年）七月、大学卒業後、歐羅巴に航し、英吉利、蘇格蘭、和蘭、独逸、瑞西、仏蘭西及伊太利を遊歴せし後、「ブリンヂッシュ」より乗船同年十二月帰朝せり

帰朝当初。 十数年間を外国に過して帰朝せる予は、自己の生国に於て、恰も外人の如き感を抱きたり、邦語は纔かに語り得しも殆んど之を読むことを忘却し、又幼時に見聞学習せしものの以外は、全く故国の事物を弁ぜざりき、去迚外人の如く国語風俗を更めて研究すべきにもあらざれば、只管周囲の事情に習熟せんことを勉めたりき、岩国にも帰省し、再度上京後は専ら漢文、国文の学習を始め、明治十七年（一八八四年）の夏まで之を継続せり、会々時の外務卿井上伯より、外務省に出仕せよとの勧告を受けたり、されども多年外国に在りて母国に関する智識を欠ける予は尚ほ暫らく一学生として研学の途に進まんと欲するの念強く、之を受諾せば再び海外に赴かざるべからざるを以て、最初は之を辞退せり、されど井上伯の熱心に説諭せらるるに及んで謝するに辞なく、遂に就職を肯ぜり、爾来伯は予の保護者、忠言者として終生渝ることなき知己なりき、斯くて予の公生涯に入りしは明治十七年（一八八四年）の暮なりしが、此時会々井上伯は学校建設の為め山口県下遊説の途に上らんとせしを以て、予も之に同行し、帰京の途次、朝鮮京城に於て事変勃発し、我が公使館襲撃せられたる警報に接し、井上伯は急遽上京、尋で朝鮮に赴かるることとなり予は復た之に同行せり

生活状態の一変。 青年時代には誰しもその長き学校生活の夢より喚び起され、広大複雑なる実社会

を眼前に展観する一時機あるべし、予に在りては、此変化実に急激にして多数青年等の経験よりは其当惑の念特に大なるものありしき、則ち米国より日本へ帰り、直に学究読書の生活より実社会へ移りしことなれば、今より此期間を回想して変化の実相を了得せしや否やを疑はざるを得ず、其変化の実に急劇なりしを以て、予は新生涯に入ると共に時間を恪守する習慣は全然打破せられ、上長官の便宜の為め茫然数時間を空費するの愚や、又その指揮に依り営々刀筆の雑務に従事せざるべからざること等には全然想到せざる所なりき、要するに米国に於ける厳粛なる生活より軽浮なる実社会の生活に、懇篤なる書籍の教訓より浅薄なる俗人の談話に転じたる変化は、共に予の趣味に適せざりき

教訓。 爾等特に男児等は、将来に於て一たび斯る境遇を経験すべきなり、されば予は爾等に勧告せん、斯る境遇に際会せば、直ちに事物の実相を把捉し、事情の委曲表裏を明察せよ、爾等が後に残し来りし気楽なる学生生活を回想して悲観することなく（若し爾等社会に活動せんと欲せば）直ちに其業務の如何に拘らず之に没頭すべし、仮令自己の地位若くは業務、能力に比して下劣なりと思はるる場合にも、決して失望すること勿れ、高きに攀るには尤も低きより始めざるべからざることを牢記せよ、諸人は皆この経路を履み来りしものにして、爾等のみ独り此一般的約束の外に出づること能はざればなり、又これと共に誘惑に陥らざる様心懸くべし、悪友に注意せよ、勤勉なれ、真面目なれ、純潔なれ、正直なれ、吾等は只一個の肉体と生命とを有するのみ、青年時代の非行は晩年に於て決して挽回し得べきものに非ざるなり

推奨すべき書籍。 爾等の実生活に出立せんとするに方り、参考として予の推奨せんと欲する良書は、

予の蔵書中に獲らるべき「マッセウス」の「ゲチング、オン、イン、ザ、ウォールド」なり

外務省に於ける閲歴。　新生活に入り最初の衝動に打ち克たる後は、寧ろ愉快に執務し、進んで劇務中に身を投ぜり、幾もなく井上伯の朝鮮より帰来せらるるや、條約改正の談判開始せられ、予は同局の一員として其事務に鞅掌せり、然るに不幸にも談判は遂に不成功に帰し、協議は延期せられたるを以て、予は伯林公使館二等書記官として赴任すべく辞令を受けぬ、当時外務次官たりし青木子爵は、此任命に就き又外交官時代を通じて非常なる好意を予に寄せられたりき

明治十九年（一八八六年）十一月、予は母君、兄上及その他に別れを告げ、横浜を解纜して赴任の途に上れり、同船者は同胞二十有七名に達し、就中伯林駐剳公使として赴任せらるる西園寺侯、羅馬及維也納に公使として其家族及従者と共に赴任せらるる徳川侯、戸田伯、羅也納公使館書記生藤田氏、羅馬公使館参事官周布氏、其他山根医士、江口氏等一行中に在りてわれ等は頗る愉快なる航海を続け、「マルセイユ」に到着せり

羅馬。　西園寺侯は伯林赴任の途次、羅馬に使命を有せしを以て、「マルセイユ」より同所に赴き、予も同行し法王「レオ」第十三世に謁見を畢りて伯林に向へり

伯林到着。　伯林に到着せしは其歳の晩冬なりき、余の主なる任務は、公使館に出勤執務するに在りしが、米国に於て学習せし独逸語の智識、未だ充分ならざることを感ぜしを以て、公務の余暇語学の研究を始めたり、されば頗る多忙なるを免れざりしも、予は何人よりも夙に起きて、教師の宅に通ひ、幸に早起の習慣ある教師は、懇に予を教授せり、此外寸暇を惜んで勉学し、公使館より退出後も絶えず読

書するを例とせしが、屡々公務又は社交上の関係より退庁時間の非常に後るることあるを免れず、時には夜半に及ぶことすらありしも、斯る場合にも、予は必らず其日の課程を履修するを常とし、之を終らざる前には決して就寝せざることとせり、幸に健康状態は良好にして、斯る勉学より何等悪結果を惹き起さざりき

伯林に於ける経験。 予の伯林に滞在せる期間は、尤も興味ありし時代にして、独逸帝国の建設者として史上に著名なる人士は尚ほ生存せり、予は「ウヰリアム」皇帝に謁見し、宰相「ビスマルク」、将軍「モルトケ」にも会見せり、「三皇帝《ドライカイゼル》の年《ヤール》」として知らるる一八八八年（明治二十一年）に於て「ヴヰリアム」皇帝は崩御し、相踵で「フレデリック」皇帝その後を追ひ、現皇帝乃ち登極せり、「ビスマルク」の三国同盟締結を発表せし有名なる演説を試みしも、又「ブレデリック」皇帝の死の床に於ける大論争の起りしも、同年のことなり、斯く欧大陸政治舞台に起れる活劇を其実地に於て目撃するの好機会を得たるのみならず、此外欧州の宮廷生活及外交界の実情をも窺知することを得たりき、されど予が此好機を充分賢明に利用せしや否やは疑問にして、寧ろその然らざりしことを悔ゆるものなり

学究的性癖。 当時予の嗜好は、実務よりも寧ろ学事に傾き、書籍を通じて独逸の制度に関する智識を修得し能ふべしと思惟し、熱心に渉猟し、分陰を惜しみ、寸暇を偸んで大に読書に従事せり、されど憾らくは、之を完全に読破する力なく、従って充分咀嚼すること能はざりしを以て、公使館に於ける執務時間及職務に伴ひて社交に費す時間を惜むに至り、終に明治二十三年（一八九〇年）職を抛て「ハイデルベルヒ」に赴けり

「ハイデルベルヒ」に於て。　予が研学の場所として「ハイデルベルヒ」大学を選択せしは数個の理由に基けり、就中その主なるものは、其地に同胞の遊学せるもの少数なりしことこれなり、他の大学所在地には、既に日本留学生群衆せしを以て、彼等の為めに研学を妨碍せられんことを慮りしに由る、又他の一理由は、此地には古来有名なる旧城址市中に屹立し、風光明媚にして画けるが如く且つ英人多く住居せる等の事由予を誘ひたるなり、此地に於て予は大学に聴講し再び読書の人となり、余暇あれば絶景なる丘陵の上を逍遙し、或は流れ清き「ライン」に船を泛べて心目を慰めたりき

下連城の死去。　研学の為め充分なる余裕を得て、幸福なる学窓に孜々勉励しつつありしに、一夜故国より電報を受取れり、其文に下死去すと云へり、下は父君の逝き給ひし後、専ら兄上及予を輔導し、吾等を誨へ、又忠実に家事を主宰せしものにして、予の尤も能く知り、尤も信用せし者なり、明治十六年（一八八三年）より同二十年（八七年）迄、母国に在りし間、予は多少家事に関係せしことありしと雖、素より何事をも弁へしにあらず、然るに今茲に尤も信任し第二に父と目せし彼の訃報を接受しては、大に驚歎し一大打撃の方に我が家門に落下せしものの如く感じたれば、予は直ちに帰国し、兄上を補佐する責任ありと思惟し、急遽其準備を了り、東京に帰著せり（明治二十三年一八九〇年）

評註。　予は素より家事に関係するを責任の一なりと信じ、毫も之を辞するの意なしと雖、若嚢に公職を辞することなからんには、依然独逸国に在留するを余儀なくせられ、家事の善後策に就ては、必すしも予の帰朝を竢たずして、他に処理せらるるの途ありしなるべし、されば予の官途を去りしは、畢竟忍耐の乏しかりしものにして失策なりしと謂はざるべからず

教訓。　何事を断行するにも常に熟慮するを要す、瞬間の刺戟、衝動に由りて進退することなく、能く先輩の忠告を聴くべし

帰朝後。　帰朝後の数ヶ月は、山口県下に住せり、是時井上伯は小野田に在りて、その閑散なる地位に在りしを利用し、毛利公爵家の為めに家憲の制定に従事せられたり、伯の考案は同家家族を山口県下に退住せしめんと云ふに在りて、予と意見全く合致せしを以て、予は全力を尽して伯の計画に助力せり、予も亦森脇（退蔵）及其他と共に予が家の為めに家憲を制定せり、此時復た外務省に再勤することを勧誘せられしも、何となく心進まざりしを以て之を辞し、その代りに貴族院に入れり、明治二十五年（一八九二年）四月結婚し、爾等は順次出生せしなり、此後に於ける予の経歴に就ては爾等の知悉する所なれば、之を語るの労を執らざるべし、但茲には予の胸底に存する考慮を語りて、爾等と共に之を考究し、且予が晩年に処置せし数多の事件に関する意見を、正確に知らしむるに止めんと欲す

家憲に就て。　予は独逸に赴任する前より、家憲制定の意思を抱懐せり、故に此計画は、井上伯の毛利公爵家家憲を制定せられし時に比して五年早く、予に在りては敢て新奇なるものに非ず

郷里に於ける住居。　之に関する予の意見は、井上伯と同じく、家族は郷里に基本邸を置くべきことに定め、又将来に於ける紛紜を防遏する為め、相続の法則を制定せり

本邸所在地を郷里にトする理由は、田野に於ける生活の安定鞏固なるに在り、都会に於ては、其変動実に不休にして、人口は絶えず移動集散し、家屋は絶えず破却新築せられ、某日某所に住せる某人は、翌日他所に転し、其他、其人と永く縁を絶ち、隣人も殆ど相知らざるの有様なるを以て、互に相敬し、相

愛するの温情なし、郷里に於ては、全く其趣を異にし、同一の住民等は、幾年間一家屋に住し、耳目に慣れたる同一の事物は、歴世相変ずる所なれば、住民は互に相識の関係を有し、禍福、吉凶、栄辱を共にし、地方の安寧、平和に関しては、共同の利害観念を有す「ワシントン、アービング」は、次なる辞句を以て、田野生活の安定を叙述せり

予は此平和なる楽境を記述するに極力讃辞を以てせんとす、そは広大なる「ニュー・ヨーク」州中の此所彼所に伏在せる幽境和蘭渓谷にあっては、住民も風俗習慣も不変の儘静かに保存せられつつあればなり、即ち他の熱閙なる地方に不断の変動を惹起しつつある移民或は改良の大激浪も、此所の住民の目には触るることなくして過ぎ去ればなり、その様恰も急流に縁とられたる瀲の小なる一隅の如く、これに浮べる藁屑水泡は錨卸して静かに淀み、或は流れ行く水の奔湍に擾さるることなくこの奇しき港内を徐かに旋回せるを見るなり（スリーピ、ホロー物語）

斯の如き平静なる田野にては、住民相互に懇切の情を有す、故に若し由緒古き名家の斯る地方に居を定めんには、之を囲繞せる社会に対して善事を行ひ、又その住民等の尊敬をも贏ち得ることを望み得べし予は英国を視察して其国情を熟知すと言ふにはあらねど、予が読書に因り、又は伝聞せし所を以てすれば、彼国の旧名家は、数世紀間に亘り、田野に住してその住民より、恰も嚮導若くは師表として尊信せられ、求めずして指導者の地位を保ちつつ幾多の善事を為しつつあるなり、即ち彼等は国家の儀表又は社会に必要なる機関として、其存在の意義を徹底せしめつつあるなり、不幸にして我国は維新変動の際、旧名家を駆つて都市に集合せしめ（他の見地より見れば幸ならんも）以て変転の激浪中に投入迷没せし

めたり、只大和の如き土地に於ては数代連綿せる大山林の所有主ありて、其周囲の地方に対し、自から指導者の地位に立ち、現時尚ほその地方の貴族の如く、認められつつあるものあり、蓋し維新の政変は、大名を廃止せしも、これ等無爵の貴族に触るることなかりしを以てなるべし、予の意見は旧名家たるものは、須らく自家の幸福及永続の為めのみならず、亦斯る制度の齎らすべき社会の秩序安定を維持するが為めに、郷里に其本邸をトすべきものなりと信ずるなり

予は家族の各個人にまで凡て田野に於て生活を営むべしと云ふに非ず、予の意は、家族の本拠の郷里に在らんことを希ふものにして、家長には少くとも年内の一部を其地に居住し、住民と利害休戚を共にせんことを望むも、他の年少者には、必らず外界に出てて世路の艱難と勇敢に戦ふべく、決して田野に蟄居して、朽果ること勿らんを希ふものなり、以上は家憲に住居地を郷里と定めし理由なり

相続に就て。　次に注意を要するは、相続の規定なり、蓋し富有にして由緒深き旧家に於ては、相続は殊に紛紜を招き易し、こは素より国法の定むる所に遵ふこと言を俟たず、家憲に於ても之に基きて規定せり、然れども将来疑義を生じ、若くは便宜法規に拠る能はざることなきにしもあらざるべし、例せば長男の不幸にして無能力者たる時、若くは法定相続者の女子たる場合の如きは、疑義或は法規を曲げんの議起り易かるべし、家憲に於ては、斯る種類の場合を想定して之が適法を規定し置くを得ざれば、此種の問題の解決方法としては事件に関係ある者の良心に訴ふる外なしとす、孟子の言に曰く

　万乗之国弑㆓其君㆒者、必千乗之家、千乗之国弑㆓其君㆒者、百乗之家

と、思ふに、此意望ましき事物に接近する人々は、そを得んが為に、法則を潜り、法文を曲解するの罪

悪に陥り易しと云ふにあらん、局に当る者は深く警戒を加へざるべからず、尚ほ孟子の言を左に引用すべし

為㆓人臣㆒者、懐㆓仁義㆒以事㆓其君㆒、為㆓人子㆒者、懐㆓仁義㆒以事㆓其父㆒、為㆓人弟㆒者、懐㆓仁義㆒以事㆓其兄㆒、是君臣父子兄弟、去㆑利懐㆓仁義㆒相接也、然而不㆑王者、未㆓之有㆒也

資産に就て。 家憲に於て尤も重きを置きたる第三の要点は、資産及其管理に関するものなり、即家に属する資産（前代より継承せる）は、家長の意思を以て分割し、若くは自由に処理すべからず、但家長の私有に属する資産は、素より自由に処分し得ることを規定せり、（第二十四条）此意家に属する資産は、要約堅実に保管し、家族に分割して消散せしめざらんとするに在り、即ち全資産の所有者たる家長と雖、家憲に定められたる各種の協議者と協定を経るに非ずんば、決して自己の意思を以て自由に之を使用（況んや之を浪費するに於てをや）するを許されざるなり、何となれば、資産は法律上に於てこそ家長の所有に帰すれども、自己の力を以て蓄積し得たるものに非ずして、前主より相続したるものなればなり、故に家長は此資産を賢明に処置し、且善用するの義務を有し、決して気儘に之を使用すべからざるなり、之に反して家長の専有に属する資産、即ち自己の努力を以て収得せしものは、素より之を自由に使用し得べし、如何とならば、家長が自己の努力を以て資産を収得するは、素より善事にして、其所得を自己の好む所に使用するは、毫も容喙すべき所に非ざればなり、之を要するに、家憲に定むる所の主眼は、家長は世襲の資産を善用するといふ神聖なる信託を受けたるものとして、之を保管せざるべからずといふに在り、然りと雖単に資産保全の機械たれといふに非ず、又自己の努力

を以て得たるものは、娯楽若くは利益の為めに使用するは毫も妨げざるなり

資産は之を三種に分つ、第一基本金、第二基本金、及予備基金これなり、資産を三種に分ち置く理由は、之が保全を確実ならしめんが為めなり、恰も城廓の本丸、二丸、三丸、と区画せられ、又船艙に数多の区分を設け、仮令その一区画に破壊若くは損害あるも、直ちに他に打撃を来さしめざるが如く、吾が家の資産も、一部の損失を全部に及ぼさしめざるが為めなり、就中第一基本金は、最も確実にすべきものなり、此基本金の機能は、之に由りて大なる利潤を生ぜしむることを目的とせずして、寧ろ鞏固に之を保管するに在り、されば納税以外に属する費途に消費せられざるものにして、言はゞ無能にして為すことなく、年と共に肥満すべき性質たり、本基金は明治二十六年に於て〇〇なりしが、本年（明治三十八年）には〇〇に増加せり、而して此資金に損失を来すべき急変に対する保険として、其一部を割きて積立る筈なり元来家憲にては、第一基本金より生ずる利金若干額を積立る予定なりしが、実際に於て此法は厳行せられずして、保険基金が第一基本金の一割に達せる後は、此積立は中止せられたれば爾後も常にこの一と十との比例を維持することとせば可なるべしと信ず

第二基本金は、三基金中尤も活用すべき性質を有し、経常費、俸給、交際費、其他、慈善、寄附及雑費を支弁するものなり、故に其機能を充分に発揮せしめ大なる利益を生ぜしむるを要す、但利得と安全とは往々両立し難きことあるを以て、常に安全の条件に留意し、苟も投機に類することを絶対に禁止すべし

予備基金は、第二基本金に対して、恰も第一基本金の保険金に於ける如き関係に在り、此資金の機能は、

臨時に多額の支出を要する場合に補充し、又は損失ありし場合の填補に充当するものなり、故に此資金は、急速の支弁に備ふる為め、現金若くは容易に現金に交換し得べきものを以て貯蓄するを要す、而して予備金の第二基本金に対する比例は、一割と定め置くべし

以上三種の資金は、其区分を明確に保管せざるべからず、若しその一資金中より他に現金を流用する必要生じたる場合は、厳重に、且最も急速に弁償し置くを要す、或は此分置の方法を複雑にして不便なりと做し、寧ろ資産の第一、第三種を第二基本金中に委托し、之より生ずる利子の分配を受くるを得策なりと論ずるものもあらん、然り此方法は頗る単簡にして、事件の発生せざる限りは便法なるべし、然れども此方法は、初めより資金を分置するを必要と見做さず、分置法の精神を無視したるものと謂はざるべからず、人は容易に便宜なりといふ見地より、城壁をも打ち毀ち、要塞の高地をも削平し得べし、これ平和に際しては非常に便宜なりと雖、一朝異変発生せんか、其便宜は非常の高価を以て贖はれざるべからず、されば資産の各種は厳密に区分し置かざるべからざるなり

毛利公爵家との関係。 家憲中他の重要なる事項は、公爵毛利家に対する関係なり、歴史を閲すれば、此意義自から明瞭なるを以て茲には之を詳説せざるべし、但予自身は、前公爵（忠愛公）に非常なる恩眷を蒙りしこと、及公の遺書中、特に予が事に言及せられたることを、茲に特記し置くものなり

家憲に就ての概評。 家憲に定めたる他の諸点は、其意義自ら明かなれば茲に喋々せざるべし、家産の管理に関しては尤も重きを置きたりと雖、これが運用の妙は所謂人に在り、家長は此資性能力あるを要し、又補佐の人物を要すべし、嘗て家憲を評する人あり其家産及運用に関する規則を重視し厳に過

きたりと評せり、予も此評語を認容せざるに非ず、資産は固より手段にして目的に非らず、家長及他の諸家族は、各其国家及社会に対して負ふ所の責任を尽すに充分なる教育を受け、其性格を陶冶せさるべからず、茲に予は思出すまゝ先哲の金言を記すべし

曾子曰、吾聞㆓諸夫子㆒、孟荘子之孝也、其他可㆑能也、其不㆑改㆔父之臣与㆓父之政㆒、是難㆑能也（論語）

所謂故国者、非㆑謂下有㆓喬木㆒是謂也、有㆓世臣㆒之謂也（孟子）

夫レ聖人ノ人ヲ用フルハ、尚木ヲ用フルガ如シ、其長ズル所ヲ取テ、其短キ所ヲ棄ツ

国不㆓以㆑上利為㆒㆑利、以㆑義為㆑利也（大学）

其人存、則其政挙、其人亡、則其政息（中庸）

去㆑讒遠㆑色、賎㆑貨而貴㆑徳、所㆓以勧㆒㆑賢也（中庸）

富与㆑貴、是人之所㆑欲也、不㆑以㆓其道㆒得之不㆑処也（論語）

不義而富且貴、於㆑我如㆓浮雲㆒、（論語）

家及個人。 家憲を制定するに方り、家の重要なることを前提とし、其永続及繁栄を希望し置きたり、而して予は米国の教育を受けし結果、或は個人主義の思想に傾かんことを顧慮すと雖、嘗て某人が、「予は旧家の末流に齷齪たらんよりは、寧ろ新系統の一大家たらんことを望む」と云へるに対して、密かに感を同うするものなり、又嘗て某紳士は、吉川家に於て馬山《うまのやま》の地を購得すべきことを予に勧告せしが、これに対し、斯る土地を購ひ之を世襲せんよりは、寧ろ元春公豪爽不屈の大精神を家庭に世襲して、不断常住彼の事業を繰り返さんことに努力すべしと答へたりき

家及祖先に対する極端なる崇拝と、将来に勢力を得べき個人主義との間に於て、予は自から之に処すべき良法あるべきを信ぜんとす、即ち家族主義を遵奉せしむると共に、徒に過去の事物に屈従して卑怯なる崇拝に堕落せしめさることと是なり、これ予が次に日本に於ける華族の族制に対する意見を記せんとする所以なり

日本の華族制度に就て。　普通我国の社会組織の基礎は、家族制度に存し個人主義に非ずと称せられ、喋々其利益を主張する者あり、而して此意見の根柢を為す主義に何等誤謬背理のことなしとして、予の問はむと欲する所は、華族制度の精神が現実如何に活動しつつありやといふことなり、予を以て之を見るに、此制度の価値は、第一、祖先の遺徳功業子孫を感奮興起せしむるに足るべき其家の伝説歴史に存し、第二、其華族が社会の儀表として、又其秩序及安定の代表者たるに足るべき品格、威厳を有するにあり、第三、社会の為めに善用せらるべき其富力にあり、此三者に於て始めて華族制度の価値を認め得べきものなりと信ず、而して現時これ等の条件を具備せる旧家、名家果して幾何ありや、又家主の幾人が祖先の遺徳、功業を紹述しつつありや、所謂品格威厳の社会上の地位に負かさる幾何の華族ありや、名家の子孫にして、其祖先の名を汚辱せざるものなきや、富有なる華族にして、其富力を国家社会の為に善用しつつあるもの幾何ありや、予は信ず、旧名家をして其栄爵及富力を享有せしむる正当なる理由は、一に其の地位及富力を有用に用ふるに在て存すと、故に斯る華族の家長及家族の各個人は、彼等の身分を辱しめざる教育を受け、品性を陶冶せざるべからず、固より人は悉く大事業を成就し、偉名を世界に馳するに足る才能と健康とを付与せらるべきものにあらざるも、誠実に勤勉に、天賦の才能を十分

に発揮せんことは、何人も之を能く為し得べきなり、無益の道楽に其地位、機会を濫用するは、何人にも容赦せらるべきものに非ざるなり

蓋し富に関しては之を所有する唯一の口実は、克く之を善用するにあるのみ、華族諸家の中には、或は富力を以て栄爵を得たるもあり、又由緒を以て之を得たるもあり、而して富豪の家に在りては富の利殖を其主なる目的となすは固より其所なり、何となれば彼等は其富力を以て、地位を贏ち得たるものにして、利殖は実に彼れ等の業務なればなり、由緒を以て著はるゝ家は則ち然らず、富は第二の条件たるべし、勿論金銭は便宜の所有物にして、資産の運用には相当の注意を要すと雖、要するに富は手段にして目的に非ず、故に富は家族各個人に有用なる教育を施し、又公共的善事を為すに使用せられ、之を以て其社会上の地位を維持すべきものなり、予の計画は、資産を一個の堅固にして安全なる基礎に置き、予の後を承くる者をして、上述の目的に之を使用せしめんとするに在り、彼等は、資産より生ずる利金を以て之を行ひ得べし、予は茲に将来資産を管理する者に厳重に申し渡し置くべし、富の取得を以て主なる目的となすなく、只予か定めたる方法を以て、之を鞏固に保管し、其利金を善用すべし、勿論正当なる方法に由て資産の増殖をも計るべし

経国ノ大本ヲ天下万世ニ樹立スルハ、固ヨリ一生ノ能ク成就スル所ニ非ズ

大事業の基礎を樹立せんと欲する者は、之か完成の暁まで天寿を予期し得ざるより、動もすれば之を急激に成功せんと焦慮することあり、是れ深く念頭に記憶し戒慎せざるべからず、又史上及日常の実験よりするも、国家の問題に於て野心若くは名誉心に駆るるは、往々其成功に大妨碍を来すことあり、抑一

家族に関する事件が偉人の考究を要するものなりや否やは、余の断定せんと欲する所に非ざるも、既に旧名家の一族存在するとせば、其過去及将来の連鎖として努力すべき責任を有する者は、神聖なる信托を受けたる者なりと謂はざるべからず、彼は其家の名誉は自己の獲得せしものに非ず、其資産も亦自己に由りて作られたるものに非ざることを深く記憶せざるべからず、且つ其世々保全し増殖したる社会上の地位及富力は、之を善用すれば社会に莫大なる貢献を為すものなることを牢記するを要す、若し此地位及富力を、自己の奢侈若くは児孫等の安逸に使用せんとする者あれば、其識見は偏狭にして私利に殉する者と謂はざるべからず、之に反して崇高なる事業に使用せば、其目的も亦従つて崇高なること、固より言を待たざるなり

年譜略

安政六年（一八五九）　一歳
十二月二十四日　旧岩国藩主贈従三位駿河守吉川経幹第三子トシテ周防岩国仙鳥館ニ生ル
文久三年（一八六三）　五歳
五月　経幹宗藩主毛利敬親名代トシテ上京王事ニ周旋ス
八月　堺町御門ノ変アリ、経幹三條実美等七卿ニ従ヒ国ニ還ル
九月　毛利敬親ノ猶子ト為ル
元治元年（一八六四）　六歳
八月　先是京師禁門ノ変アリ、経幹宗藩ノ依嘱ヲ承ケ上国応接ノ事ニ膺ル
慶応二年（一八六六）　八歳
六月　四境ノ役、兵乱ヲ封内河内福城寺ニ避ク、七月帰館ス
十月　始テ藩黌ニ入ル

是　歳　藩黌養老館（正月）藩工廠（十月）焼失

慶応三年（一八六七）　九　歳

三　月　経幹病篤シ、藩政ヲ次子経健ニ委ネ、重臣山田府生塩谷鼎助（後処）三須文輔（後成懋）大草終吉下徳太郎（後連城）玉及東平（後世履）二宮元輔ニ藩政補佐諸子教養ヲ依嘱ス

六　月　本城ニ従ル

十二月　王政復古

是　歳　伝下連城ニ就キ漢籍ヲ学フ、又好テ三国史水滸伝等ヲ読ム、病ニ罹リ癒後尾津別邸ニ従ル

明治元年（一八六八）　十　歳

四　月　経幹駿河守ニ任シ従五位下ニ叙ス

十一月　大阪ニ赴ク

十二月　経幹致仕、経健家督ヲ承ク

明治二年（一八六九）　十一歳

正　月　経健駿河守ニ任シ従五位下ニ叙ス

三　月　経幹卒去

六　月　永世禄五千石ヲ経健ニ賜フ

十一月　藩籍奉還、経健岩国藩知事ニ任ス

明治三年（一八七〇）　十二歳
山口に赴ク

四　月　東京ニ遊学ス、開成校ニ入リ入江二郎ト称ス

明治四年（一八七一）　十三歳
七　月　廃藩置県

十一月　特命全権大使岩倉具視等欧米視察ノ一行ニ従テ米国ニ留学ス、十二日横浜解纜、土屋静軒田中貞吉随行ス

十二月六日　桑港ニ着ス

明治五年（一八七二）　十四歳
「ボストン」府ニ着ス、尋テ「コンコート」市「チャーレス・ナザニール・フオルサム」氏ノ邸ニ寄寓ス

九　月　「コンコート」ヲ去リ「ボストン」ニ従ル、「ライス・グランマー」学校ニ入ル

明治八年（一八七五）　十七歳
七　月　「ライス・グランマー」学校卒業

九　月　「チヨンシー・ホール」学校へ入学

明治九年（一八七六）　十八歳

六　月　「チョンシー・ホール」学校在学
　帰朝、九月再ヒ「ボストン」ニ遊フ

明治十二年（一八七九）　二十一歳

七　月　「チョンシー・ホール」学校卒業、第一等金牌第三等金牌「テーヤー」協会賞牌ヲ受ク

九　月　「ハーヴァート」大学ニ入学

明治十六年（一八八三）　二十五歳

六　月　「ハーヴァート」大学卒業、「バチャラー・ヲブ・アーツ」ノ称号ヲ受ク

七　月　「ボストン」ヲ発シ英、蘭、独、瑞西、仏、伊等諸国ヲ歴遊ス

十二月　帰朝、爾後和漢学ヲ研鑽ス

明治十七年（一八八四）　二十六歳

九　月　外務省御用掛仰付ラル、公信局ニ勤務ス

十一月　公爵毛利元昭外務卿井上馨等ト共ニ山口県下ノ学事ヲ視察ス、尋テ防長教育会成り其評議員ニ推サル

十二月　朝鮮甲申ノ変、特派全権大使井上馨ニ随行シ京城ニ赴ク

明治十八年（一八八五）　二十七歳

一　月　朝鮮国王殿下ニ謁ス、尋テ帰朝参内酒饌ヲ賜フ

三　月　條約改正掛仰付ラル
五　月　外務省使用電信符号編纂掛兼務仰付ラル、十二月編纂成リ褒詞ヲ受ク
九　月　貿易ニ関する事項取調主務仰付ラル

明治十九年（一八八六）　二十八歳

三　月　交際官試補ニ任シ高等官六等ニ叙ス
四　月　翻訳局勤務ヲ命ス
外務省参事官ヲ兼任ス
七　月　正八位ニ叙ス

明治二十年（一八八七）　二十九歳

三　月　願ニ依リ本官並ニ兼官ヲ免ス
四　月　公使館書記官ニ任シ奏任官四等ニ叙ス
八　月　条約改正掛ヲ免ス
伯林公使館在勤仰付ラル
九　月　特命全権公使西園寺公望伯林赴任ノ途次羅馬派遣ニ依リ随行ヲ命ス
十一月　羅馬ニ着シ法王「レオ」第十三世ニ謁見ス
十二月　伯林ニ着任ス

明治二十二年（一八八九）　三十一歳

十一月　研学ニ志シ公使館書記官ヲ辞ス

明治二十三年（一八九〇）　三十二歳

一　月　独逸帝国ヨリ勲四等赤鷲章ヲ贈ラル
伯林ヲ去ツテ「ハイデルベルヒ」大学ニ遊フ

十二月　家令下連城ノ訃ニ接シ家政補佐ノ為メ独逸ヲ発シ帰朝ス

明治二十四年（一八九一）　三十三歳

十一月　分家ヲ創立ス、先考ノ勲功ニ依リ特ニ男爵ヲ授ケラレ従五位ニ叙ス

明治二十五年（一八九二）　三十四歳

四　月　子爵加藤泰秋女壽賀子ヲ娶ル

明治二十六年（一八九三）　三十五歳

三　月　子爵吉川家ノ為ニ家憲ヲ作ル

六　月　防長教育会商議員ニ推サル
貴族院議員補欠選挙ニ当選ス

七　月　長女英子生ル

九　月　研究会ニ入会ス

明治二十七年（一八九四）　三十六歳

六　月　研究会常置員ニ選ハル

十一月　長男元光生ル

是　歳　私立日本法律学校講師ヲ依嘱セラレ国際法ヲ講ス

明治二十八年（一八九五）　三十七歳

六　月　研究会幹事ニ選ハル

七　月　全権大使井上馨ニ従ヒ朝鮮ニ赴キ各地ヲ視察シ九月帰京ス

明治三十年（一八九七）　三十九歳

七　月　正五位ニ叙ス

貴族院議員ニ当選ス

明治三十一年（一八九八）　四十歳

十　月　侯爵小村壽太郎子爵金子堅太郎男爵目賀田種太郎等ト謀リ「ハーヴァート」倶楽部ヲ創立ス、爾後会長若クハ幹事トシテ専ラ会務ニ鞅掌ス

十一月　研究会常置員ニ選ハル

明治三十二年（一八九九）　四十一歳

四　月　議員建築調査会委員仰付ラル

明治三十三年（一九〇〇）　四十二歳

九　月　北清事変各国傷病兵慰問ノ為メ華族総代トシテ広島呉及ヒ長崎ニ赴ク

明治三十四年（一九〇一）　四十三歳

五　月　伯爵正親町実正子爵岡部長職ト共ニ清国ニ赴キ各地ヲ視察ス
六　月　次女春子生ル

明治三十五年（一九〇二）　**四十四歳**
一　月　私立玖珂郡教育会総裁ニ推サル
三　月　東邦協会評議員ニ推サル
四　月　防長教育会評議員兼主事ニ推サル

明治三十六年（一九〇三）　**四十五歳**
二　月　次男重国生ル
四　月　研究会常務員ニ選ハレ大正四年十一月マテ在任ス
六　月　従四位ニ叙ス

明治三十七年（一九〇四）　**四十六歳**
四　月　華族会館幹事ニ推薦セラル
七　月　貴族院議員ニ当選ス

明治三十九年（一九〇六）　**四十八歳**
三　月　欧米視察ノ途ニ上リ米、英、仏、独、墺、土、希、伊、瑞諸国ヲ経テ十二月帰朝ス
四　月　明治三十七八年事件ノ功ニ依リ勲四等ニ叙シ旭日小授章ヲ賜フ

明治四十一年（一九〇八）　五十歳

四　月　協同会幹事ニ選ハル

九　月　文部省教科用図書調査委員会委員仰付ラル

明治四十二年（一九〇九）　五十一歳

一　月　長男元光出テヽ宗家子爵吉川経健ノ養嗣ト為ル

三　月　華族会館常任幹事ニ選ハル

六　月　宗家主経健薨ス

十一月　国史調査所ヲ設ケ英文ヲ以テ日本封建時代史ノ起稿ニ着手シ、爾後研鑽執筆孜々懈ラス薨去ノ際ニ及フ

明治四十三年（一九一〇）　五十二歳

八　月　大日本蚕糸会副会頭ニ推薦セラル

明治四十四年（一九一一）　五十三歳

三　月　華族会館常任幹事ヲ辞ス、幹事故ノ如シ

七　月　正四位ニ叙ス

貴族院議員ニ当選ス

九　月　政務調査所ヲ設ク

大正元年（一九一二）　五十四歳

一月　第二十八議会予算副委員長ニ選ハル
七月　帰一協会評議員ニ選ハル
八月　文部省教科用図書調査委員会委員ヲ辞ス
十月　華族会館常任幹事ニ選ハル
　　　岩国保勝会総裁ニ推サル

大正二年（一九一三）　五十五歳

二月　第三十議会予算副委員長ニ選ハル
九月　先是子爵金子堅太郎男爵目賀田種太郎等ト謀リ「ハーヴァート」大学ニ日本文明講座開設ノ議ヲ起シ専ラ其成立ニ斡旋ス、是月開講スルニ至ル
十一月　宗秩寮審議官仰付ラル

大正三年（一九一四）　五十六歳

一月　第三十一議会予算副委員長ニ選ハル
五月　第三十二議会予算副委員長ニ選ハル
六月　南清印度ヲ視察ス
　　　第三十三議会予算副委員長ニ選ハル
九月　第三十四議会予算副委員長ニ選ハル
十二月　第三十五議会予算副委員長ニ選ハル

大正四年（一九一五）　五十七歳

三月　帝国蚕糸株式会社成リ相談役ニ推サル

南洋協会副会頭ニ推サル

四月　大日本蚕糸会ヨリ一等有功章ヲ贈ラル

先是腎臓炎ヲ病ム、是月大磯別邸ニ入リ静養ス

五月　第三十六議会予算委員長ニ選ハル

十一月　病勢稍進ム

十二月二十七日　病遽ニ革マル

両陛下ヨリ御使ヲ以御菓子一折ヲ賜フ

特旨ヲ以テ位一級ヲ進メ従三位ニ叙シ、勲三等ニ叙シ瑞賓章ヲ授ケラル

薨去越テ三十日谷中塋域ニ葬ル

大正十四年九月十五日　　印刷
大正十四年九月十八日　　発行

【　非売品　】

編纂兼発行者　井原豊
東京市外高田町雑司ヶ谷三〇三番地
印刷者　杉山退助
東京市牛込区市谷加賀町一丁目十二番地
印刷所　株式会社　秀英舎
東京市牛込区市谷加賀町一丁目十二番地

THE AUTOBIOGRAPHY

OF

Baron CHŌKICHI KIKKAWA.

Ed. by

HIS SONS.

TOKYO, JAPAN.

1923.

1875
Chauncy Hall School,
Boston.

1883
Harvard College,
Boston.

1889
Secretary of the Legation,
Berlin.

A Few Years
before
His Death.

CONTENTS.

	Page.
Reason for writing my Autobiography	1
Reasons for writing in English	2
Necessary imperfections	2
My birth	2
State of society at the time of my birth	2
My surroundings	4
My earliest infancy	5
Morals:—My principle of bringing up children	8
My desire	8
My earliest recollections	8
Attack of the Tokugawa forces on Chōshū	[illegible]
The death of my father	
Moral	
My grandmother's death	[illegible]
We go to live in the castle	[illegible]
My passion for books and reading	12
Effect of reading on my mind	14
My studies	14
I go to live at Ozu	14
My two journeys	15
My journey to Osaka	16
My journey to Tokyo	16
The Inland Sea	16
From Kobe to Yokohama	17
From Yokohama to Tokyo	18
Arrival at Tokyo	18
A retrospect	19
The school	19
My brother comes to Tokyo	20
Society of the time	21
We move to the house on Awajichō	22
I go to America	22
Arrival in Boston	25

	Page.
A retrospect	25
My life at Concord	25
My impressions derived from nature	26
My studies	26
The influence of my studies and surroundings	27
Moral	28
Religious influence of Concord	28
Schools in Boston	29
Families and boarding houses	32
Vacations	33
Influence of Boston and New England	34
What I lost by my American education	36
Harvard	36
Europe	37
The first months in Japan	37
The change in my mode of life	39
Moral	39
Book recommended	40
My life at the Foreign Office	40
Rome	41
Arrival at Berlin	41
Experiences in Berlin	42
My inclination to study	42
At Heidelberg	43
The death of Shimo	43
Comment	44
Moral	44
After return to Japan	44
The House law	45
Country residence	45
Succession	48
Property	49
Relation to the family of Prince Mōri	53
General remarks on the House-law	53
House and individual	55
The institution of family in Japan	56

THE AUTOBIOGRAPHY

OF

Baron C. Kikkawa

Reasons for writing my autobiography.—The reason for writing my autobiography is to let my children know what my thoughts and motives were, to warn them against my errors, and to let them profit by my experience. If I were certain of being able to live until all my children should reach the age of understanding, I would prefer to guide and advise them, and transmit my will by the living voice, but as that certainty is not granted to mortals, I am compelled to use this means to attain my object. I have thought of making a will and indeed have attempted it, but I came to the conclusion that I was not gifted enough to foresee and provide for all contingencies, and that a will unwisely made might be worse than useless. I have therefore decided to write down the chief events of my life and incidentally make comments on them, setting down my motives and experience in each case, so that my children may, by studying my life, find a guide to theirs.

Reasons for writing in English.—My reason for writing in English is that it is the easiest language for me to write in.

Necessary imperfections.—As this writing is intended for no eyes but those of my children, I shall not take pains to choose my language, to follow strict sequence of events, nor to keep a proper balance between the various parts.

My birth.—I was born at Senchōkan on the evening of the 24tn of the 12th month of the 6th year* of Ansei.

State of society at the time of my birth.—Although the arrival of Commodore Perry had aroused the country, and it was drifting on toward the great revolution, still in outward appearance, there reigned a profound peace ; the government retained its ancient constitution and the society remained unchanged ; the Emperor lived in Kyoto surrounded by his court, the Shōgun held his sway in Yedo, while all the feudal lords had their little world in their respective territories. The customs in the various feudal territories must have been very similar

*January 16th, 1860. (Ed.)

to each other, the only difference being that the greater nobles and their retainers lived in a somewhat grander style than the little ones. Our territory of Iwakuni extended on the one side as far as Yanai, and on the other it was bounded by the river Oze, while toward inland it went some four ri among the mountains. The residence town was divided into two main divisions of Yokoyama and Nishimi with the Nishikigawa dividing them. Yokoyama was further subdivided into Shimoguchi and Kamiguchi, having the castle in the middle. Shimoguchi, the portion nearer the Kintai-bashi, was devoted to the residences of the Karō, the Chūrō and other families of higher rank, while Kamiguchi the other side contained, the residences of families, not of so high a rank nor so wealthy, but mostly connected in some way with ours by ties of blood-relationship. Thus it was probably intended to have near the castle families that could be most trusted in case of emergency, as well as to give such families certain honorable distinction in their place of abode. At Nishimi lived the families of middle and lower rank, and other divisions of minor importance such as Yorozuyadani, Kawanishi, and Sengokubara were also, I believe occupied by the middle and lower classes. In villages scattered over various parts of the territory lived mostly farmers; the merchants were chiefly congregated in Nishimi and

Yanai. Such in general was the disposition of the population.

My surroundings.—My father lived at castle or rather a house surrounded by a moat—Otaté (御館) it was called as distinguished from Oshiro – and held his little court; on the 1st day of the year and other ceremonial occasions the retainers came to pay their respects, just as people did to Shōgun or just as is done to the Sovereign now. The house stood where the Kikkō-shrine now does while across the street were the buildings where all the governmental business was carried on. A plan is appended:

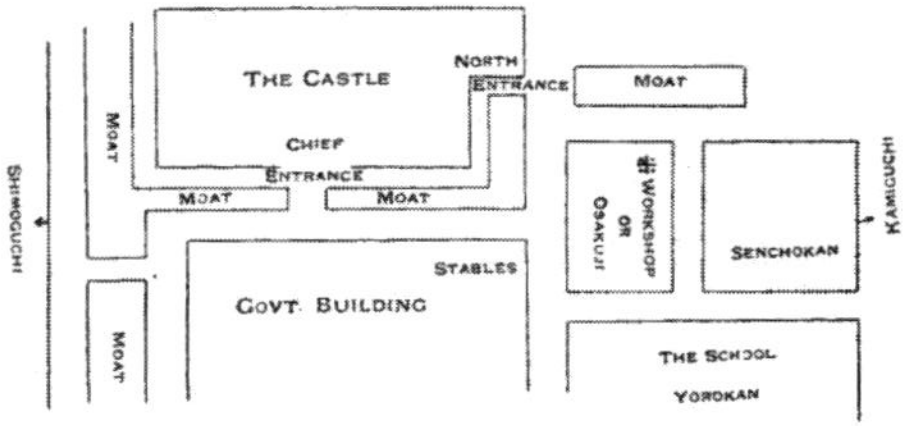

(This plan is intended only to give a general idea and will be found to differ in detail from a good map of the neighborhood.) *Workshop was where all the timber were kept and carpentry of all kinds done.

My earliest infancy.—I lived during the earliest years in the house in which I was born. My oldest brother and sister had died before I was born and so there were left only my brother and myself. The rooms we occupied were somewhat as follows :—

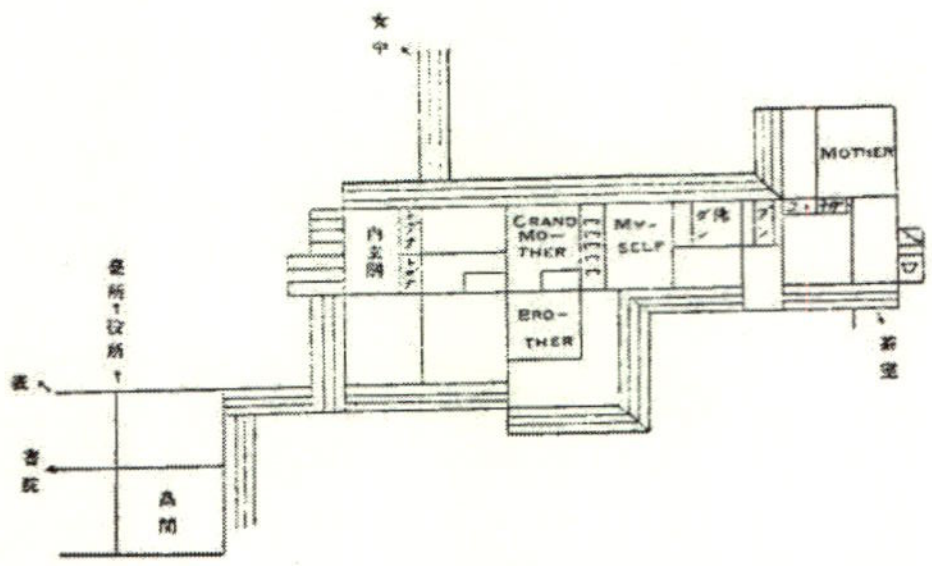

The persons attending on us consisted of the following :—

1. Women (certain number).
2. In our youngest years wet-nurses (I believe there were two for each of us).
3. Maids to the higher class of women attendants.
4. Head steward (man) who was responsible for household matters.

5. Men attendants (Probably about two came every day).
6. Boy companions (Probably about 3 or 4 came every day).
7. Keepers of records and accounts (2).
8. Two head cooks.
9. Servants of lower degree who went on messages, drew water, and did all sorts of manual labor.

I was told by my mother that the number of women was at one time eighteen, and the number of men and boys must have been about as many, so that we had between thirty and forty persons attending upon us. To be sure, the men and boys mostly came in daytime and only a few staid 'over night, but to make up for this the household physicians, of whom there were eight to ten, took turns at visiting us every evening. They came at 8 or 9 o'clock and made a business of feeling our pulse whether we were sick or not ; they also examined the urine which was kept for their inspection, the amount discharged during the day being carefully noted in a book. The doctors were a jolly lot, and as it was seldom that their professional services were required, they joked and were made playthings of the younger portion of the opposite sex. Our food was carefully cooked by the headcooks above mentioned and the sample of it always tasted by somebody to make sure that nothing injurious was contained therein. We were not allowed to eat much fresh fruit (in fact hardly any) so that sweets were much in vogue. This will show what unnecessary care was wasted upon the large number of attendants, the doctors, the choice of food—all according to the social and sanitary ideas of those times. We had a certain amount of exercise, but none of the rough plays of boyhood, and swimming that healthful of all exercises, was denied to us although our town had special facilities for it. Take it all in all this method of bringing us up failed to develope physical courage, endurance and self reliance which come from the proper and healthful exercise of our mental and physical functions. It might be added that the large number of attendants made it impossible for us to do anything for ourselves, almost everything was done for us except eating. I am inclined to believe that many of the old Daimyōs (altho' there are exceptions) are very unskilful with their hands for the reason that these faculties were not trained in their youth. It may be said that many of them are very good writers of Chinese characters, but I do not think that that fact disproves my assertion, for these old Daimyōs often spent much time in learning this polite accomplishment. Such is the evil consequence of not exercising and developing the faculties

given us, it is exactly the case of the parable of the talent and the good and wicked servant. If this is true of physical faculties, must it not also be true of the mind?

There was also another baneful influence brooding over us; being constantly surrounded by women, we were told all sorts of tales of hobgoblins, which left a strange impression on my mind, so that at this age, although I have no special fear of ghosts or goblins, I still should hesitate if I were told to spend night alone at the house where I was born.

Morals. **My principle of bringing up children.** —From experiences above recounted I have come to the conclusion, that while observing all the rules of modern sanitation, the children should have proper healthful exercise, they should be taught to do everything themselves so that their physical and mental faculties should have the greatest possible amount of exercise and consequent development. I regret to note that timidity and want of endurance are among the characteristics of my children, and

My desire.—I desire that, after I am gone, my children should pay special attention to these points, and overcome *by self education* faults, which are theirs by nature or inheritance.

My earliest recollections.—In my earliest years

there are only very few things worth recording, one day passed like another, seasons followed each other, and the simple joys and childish sorrows were not any different from those common to all childhood. There are however two events that stand out prominently in my recollection, they are both fires,—the one the burning of the school house and other that of the workshop. Both buildings being so near Senchōkan, that I felt some sort of terror at the time.

Attack of the Tokugawa forces on Chōshu.—At last came a time when some change passed over the eventless career of my life. The attack on Chōshū happened when I was six years (I always give the age complete years) of age; the enemy came as far as Ozegawa and cannonading was heard on the other side of Isegaoka. I fled with my mother as far as Kōchi, while my brother, altho' but ten years of age, remained behind, to be, I suppose, the rallying point of men and even boys who were left to fight. In my childish innocence I was all unconscious of what all this meant, but I faintly remember the confusion that attended our leaving and I remember that the women carried daggers, to be prepared for the worst. I believe that this scene instilled into my childish mind, tho' in ever so vague and round about way, that spirit of preparedness and calmness of spirit in the face of

danger—qualities acquired by those who are inured to danger—I do not, by any means, say that I acquired those qualities, I only wish to say that such events met with in the earliest years of childhood have rather a salutary effect than otherwise. When the danger was over we came back to town and I kept hearing, tho' but slightly understanding, of the fighting near Kyoto and in the north.

The death of my father.—When I was seven years old my father died. I was called to his bedside as he expired. I was so young that I scarcely understood what death meant, but I remember distinctly that mist came over my eyes, as he drew his last breath, and I felt somehow extremely lonely. Almost this last dying act of my father was to wave his thin, wasted arms (he could not speak) over my brother and myself who sat by his bedside. This act was interpreted for us by our elders to mean that we should not quarrel, but love and support each other, and on this I often thought and reflected in after years.

Moral.—In writing this I *desire* to recommend the same to my children; there are many of you; love each other, be support to one another; and tho' small differences may come between you, forgive each other, let not envy, jealousy, nor ill will come between you; if any one of you should fall into misfortune, let others combine to assist him; and, finally, if any one of you should be so unfortunate as to wander from the path of righteousness, let others combine to bring him back.

My grand mother's death.—My father's death occurred in March (old style) and in the winter of the same year, my grand mother died.

We go to live in the castle.—After my father's death my brother went to live in the castle and be the head person of our little principality. I followed soon after and so we were taken out of the hands of women and were attended to by men. The arrangement of the rooms at the castle was somewhat as follows :—

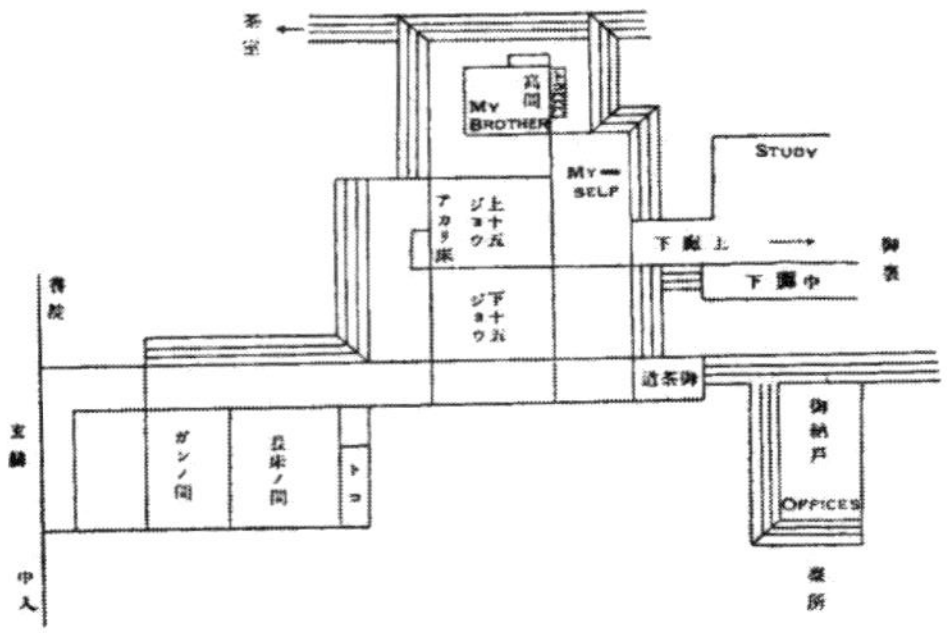

We had about three or four men attendants and about as many boy companions, but no women. At the offices were two or three chief officials and several clerks and accountants. These offices were not for transacting the public business of the principality but only for household affairs. The public offices were, as above noted in the buildings opposite; the Karōs, Chūrōs, and other officials who served in our father's time transacted all business; and reports were occasionally made to my brother and his approval sought, but I think he was too young to understand the meaning of those reports. There were also in our household the doctors and the tea-men (Osadō) whose duties were to make tea, arrange flowers, and to attend to ceremonial matters. I cannot make out just how many persons were employed. In the meanwhile the war had ceased and the great revolution was an accomplished fact.

My passion for books and reading.—It had become my custom at this time to have some one read to me when I went to sleep. The book read was the Taikōki. As soon as I was able to read, I developed a morbid passion for reading; I read all day long; I began to read as soon as I woke in the morning, I read while my hair was being done up (according to the fashion of those days). I grudged the time I had to spend in eating, and went at my books as soon as my meals were over. It was not a mere liking for books, it was a morbid passion; but such were the imperfect ideas of hygienics in those days that nobody protested so far as I know. So I read day after day until I went through the voluminous contents of Sangokushi and began to devour Suikoden. Now those about me began to perceive, only too late, that my health was not satisfactory; so they tried to take me out into the open air: we took boat one day and went down the river; landing at a certain place, we climbed a hill, when I collapsed all of a sudden. I was carried back to Senchōkan and was tenderly nursed by mother through a long and perilous illness. I do not know what the illness was, but I suspect that it was a sort of typhoid fever. My habit of life may not have been the immediate cause of my sickness, but I firmly believe that the unhealthy mode of my life undermined my health and predisposed me to illness. I notice that Hideko has a tendency to stick to a thing too long, for instance writing diary while her hair is being done up, I have occasionally warned her. Fortunately modern education, and our mode of life prevents children from falling into the condition that I did, but if Hideko or any other of the children fall into this habit, I exhort them to throw away the books at once and take care of their health.

Do not forget that a sound mind can only dwell in a sound body.

Effect of reading on my mind.—I do not think that the contents of the books I read had any evil effect on my mind; I did not try to imitate the impossible adventures of the heroes of Suikoden nor the doings of Taikō. I remember, however, one thing that peculiarly impressed my mind, and that is a passage in Sangokushi in which it is stated that the character of Kanwu was to be kind and gentle to his inferiors, and bold and unyielding to his superiors. I thought this worth imitating, and I have all through my life had a contempt for those who cringed toward their superiors or were harsh toward their inferiors. On the whole I had the profit of knowing such history as those books could teach and becoming acquainted with the contents of books which are certainly famous works for popular reading.

My studies.—I studied at this time with our tutor (Shimo) Chinese classics and composition, I believe I read the whole of Rongo, and some of Gaishi, and occasionally composed Chinese poems. As these were a little beyond my power, I did not understand what I read.

I go to live at Ozu.—After my sickness I went to live at Ozu. I believe there were two reasons for this; the one was to benefit my health after my long sickness; the other was to give me the advantage of living a simpler life than I could at the castle. Those that made this arrangement for me certainly acted very wisely, and I was greatly benefited thereby; there were still a goodly number of attendants, namely, my chief guardian (Kagawa Sekkō), one or two male attendants, one or two boy companions, one clerk, the inevitable doctor, and several cooks and minor servants; but my life was freer, I could go about without being looked at and bowed to by numerous persons, so that I had greater opportunity to exercise and also to see the life among the people. It was very unfortunate for my brother that, being the head of the family, he could not leave the castle; but he occasionally came to see me.

My two journeys.—It was about this time, although I can not recollect the exact dates, that I made two journeys, the one to Yamaguchi on a sort of official visit and the other to Yanai and neighborhood on pleasure. I made the journey to Yamaguchi in a grand style riding alternately on Kago and my diminutive Taishin pony, I had a large retinue and was treated like a little prince wherever I went. I was received by Prince Mōri at Yamaguchi and after having a sort of audience of all the family came back. The journey to Yanai I made either on horse-back or on foot and enjoyed it very much.

My journey to Osaka.—My next journey was to Osaka. I believe that these journeys were intended to prepare me for the greater flight to Tokyo. I went by the sea to Hyogo and then to Osaka. [I leave out the account of my journey thro' the Inland Sea, as I wish to give a fuller description of that sea in another place.]

My journey to Tokyo.—It was in the spring of the 3rd year of Meiji that I started out on the first great journey of my life—the birdling left its nest forever. My companion on this journey were as usual one chief guardian (Chō Schimbei), two men attendants (Kan Shōkichi, Inouye Tadaichi), one boy (Tanaka Teikichi) and a doctor (Utsunomiya).

The Inland Sea.—We set sail from Shinminato, where great many persons came to bid us good-bye. It took us, if I remember rightly, about two weeks to get to Hyogo (in those days the length of the journey was variable according to the wind). Our little junk could make but little progress when the wind was favorable, and when the wind was foul or not blowing or when the sea was too rough we had to put into a port and wait. At night too we could not travel. In those days there were many little ports of refuge with stone piers jutting out into the sea, forming a basin large enough to protect the junks from storm. One may see the remnants of them now used as places of anchorage by the fishing boats, and small junks. Most of these miniature harbors was a port to some chief town of a principality, and as the principalities were a sort of semi-independent state, each port belonged, so to speak, to a different nationality. The local dialect, the customs, and the currency differed at every port. These peculiarities struck forcibly on my youthful mind; sometimes things displayed in a shop captivated my fancy, and sometimes a strange custom would arouse my curiosity. At sea we had a lazy, comfortable time of it drifting among the magic isles. As said above our progress was very slow even when the wind was right astern, and so when the wind fell and we were becalmed, the oars had to be used; and what are oars against a comparative big junk? It took hours to reach an objective that seemed to be right before our noses. On board the junk, we ate the meals prepared for us by the sailors, the fish was fresh and excellent, but the rice and tea tasted salt. The sea air whetted my young appetite, so that I relished everything. To sum up the voyage remains among the pleasantest recollections of my life.

From Kobe to Yokohama.—We reached Hyogo in due time and took the steamer from Kobe to Yokohama. She was an old wooden "Side-Wheeler," brought from

America, and was named the "Golden Age." If we saw her now, we would probably think a very old-fashioned, clumsy tub, but in those days she was the most up-to-date thing in existence, and it was the height of enlightenment to take the steamer instead of going over the Tōkaidō. Yokohama and Kobe were but lately opened, but I believe that neither the steamers nor the foreign settlements drew my attention in proportion to their strangeness to Japan, for everything was new and strange to my inexperienced eye, so that there was hardly any distinction between things domestic and things foreign. On this account, my first contact with foreigners did not affect my mind, as it would have done had I been older. After what I thought was rather a boisterous passage (altho' it may not have been so) we arrived at Yokohama.

From Yokohama to Tokyo.—The journey from Yokohama to Tokyo was made in a coach. Horse-drawn vehicles were only recently introduced, and none existed except the coaches running between Yokohama and Tokyo and a very few private carriages. The drivers were all or mostly foreigners.

Arrival at Tokyo.—At Tokyo, I lived in a Nagaya within the grounds of Chōshū-Yashiki. After the revolution, the Daimyōs made a present of their Yashiki to the Govt. and obtained instead new ones, the more powerful ones getting of course the best locations. At this time the Chōshū-Yashiki was near Kanda-bashi just where the departments of Treasury and Interior now are, Satsuma had the grounds now occupied by the Government printing bureau, and Tosa was on the east side of Chōshū, the plan of the Nagaya allotted to us is as follows :—

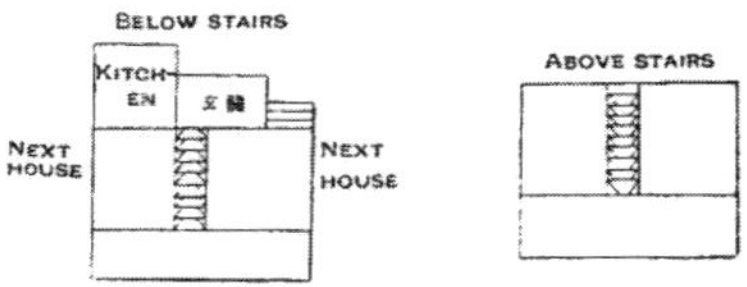

Thus in a small house with the companions of the journey above mentioned, I began my new mode of life ; it was no longer the stately existence of a castle but of that of any ordinary native, and I believe that my chief guardian Chō took special pains to make me accustomed to this.

A retrospect.—Hitherto I had been a little prince surrounded by many attendants, tenderly cared for, everything done and thought for me, so that I was like a hot-house plant, unable to bear even the natural temperature of the air, much less to cope with the wind and storm. I therefore believe that both my mind and body failed to get their natural development.

The School.—Soon after coming to Tokyo, I began

to attend Kaisei-gakkō, at one time called Nankō. It was the seedling out of which grew the Imperial university. Now I began to make new friends, I met with boys who were my equals, not my inferiors, teachers who were my superiors, not attendants. All this change, however, came naturally to me ; I rather enjoyed it, only I imagine that I was a little shy among my companions. The school was attended by the young men mostly of the Shizoku class, who wanted to get the progressive education and were ambitious to attain some official position later. I went as a Shizoku and under the assumed name of Iriye Jirō, things taught at the school were language (English, French, or German) and mathematics—I believe nothing else at that time. I soon evinced a natural aptitude for learning, and in a class in the English language, in which there were fifteen to twenty pupils, I stood about the third, altho' I was only ten years old and there were boys much older. I was promoted three classes, skipping over two intermediate classes, and still I kept nearly at the head ; so I received as a reward a pencil from my teacher, and was awarded a book (Goodrich's History of England) from the school. They also bought a gold watch for me at home.

My brother comes to Tokyo.—I do not remember whether it was during the 3rd year of Meiji or the following year, that my brother came to Tokyo, accompanied by his chief guardian (Shimo) three men attendants, a doctor, two boys, and an accountant. Now the Nagaya I occupied being too small, we obtained two or possibly three compartments of one Nagaya and had them connected. Here we lived a family of about fifteen or so, excluding the servants. My brother also attended Kaisei-gakkō, so we attended the school, and went sight-seeing, and getting acquainted with the great world in general.

Society of the time.—As I recall those times, three things stand out prominently, namely the idea of change, the spirit of progress, and the power of the dominant clans. *Change.*—It was a period of transition ; in outward appearance the city did not present so motley an appearance as it did later, but things were in a very unsettled state, after the violent upheaval of the revolution there seemed to be still half suppressed agitation under the surface, just as after a volcanic eruption the uncooled lava boils and seethes. Assassinations and attempted assassinations occasionally surprised the people. *Progress.*—Progress, blind progress, was the ruling idea with some people, " Bunmei Kaika " was the order of the day. It was the height of progressiveness to cut the hair, to do away with the two swords, everything foreign was imitated with great alacrity, and I suppose foreign customs and institu-

tions were studied by the more intelligent. The old and conservative persons looked askance at these new fangled notions, but, if I remember correctly, the general trend of thought was toward " Bunmei Kaika," and I was myself a follower of that banner. I was among the earliest to cut my hair and lay aside my two swords. *The dominant clans* were all powerful and had social intercourse among each other. Although I lived a simple life while I was attending the school, still I was occasionally invited, as a scion of one of the branch families of Chōshū, by Kido and Hirosawa and I believe was once presented to Prince Yōdō of Tosa.

We move to the house on Awajichō.—In the meantime my brother went back to Iwakuni and I accompanied him a part of the way, visiting Kamakura, Kanazawa, Yenoshima, etc. When my brother came to Tokyo again we moved into the house on Awajichō.

I go to America.—In the winter of the 4th year of Meiji the great Embassy was to make the tour of America and Europe, and many were the officials and students who wished to follow in the train. My guardians and elders again showed their boldness and wisdom in deciding to send me along with the party. The problem was a difficult one ; the question of expense was a serious matter, but more serious still was the question of my health, and it was a great responsibility for my elders to assume. Nothing but the prevailing spirit of progress could move them to this act; it was generally felt that there was a brilliant civilization beyond the sea, that things not yet dreamed of were to be studied and acquired, that sciences which could only be brought to us by the slow process of time could be learnt abroad at first hand, and that the road to future success lay in the study of foreign things; therefore the prize seemed to be worth great sacrifices and one was ready to risk perils and dangers in order to pluck the golden fruit. I did not consider such matters deeper, but eager to see new sights, I entered into the scheme with great zest. The companions chosen for me were Dr. Tsuchiya and Tanaka. One fine day we went to Yokohama and put up at an inn to wait for the sailing of the steamer; for the idea that ships were dependent on wind and tide was still so dominant, that we feared to be left behind if the ship should suddenly sail. Moreover the railroad was not yet opened and we could not travel on time. Our ship was the "America" of the Pacific Mail S. S. Co., a wooden side-wheeler which I believe was afterwards burnt in the bay of San Francisco. My chief guardian Chō came as far as the steamer to see me off, and it was the last that I saw of that kindly face, for he was dead when I next came back

to Japan. After a voyage of about 24 days we arrived at San Francisco. [I will not give an account of the voyage, for it has become historic.] The sight of the city from the sea with its tall buildings as well as the scenes on the street after landing amazed me. Our entire party which consisted of over one hundred persons was divided and stayed at three different hotels. The Ambassador and the higher officials were at the Grand Hotel, some were at the Lick, and we young men and boys were mostly quartered at the Oriental Hotel. From San Francisco we took the rail but such was the imperfect state of the Union Pacific R. R. at the time that we were snow-bound and compelled to stop three weeks at Salt Lake City. There we put up at a hotel with the high-sounding name of "American Hotel," which was kept by a Mormon assisted by his three wives and fifteen children. In due time we arrived at Chicago which had just suffered from the great fire. The party broke up here, the Embassy going to Washington and some going to New York and other cities. At first I was destined for England, but now we had been long on the way, our funds were entirely exhausted by the unexpected stay at Salt Lake City, and we hesitated to cross another ocean and be so much farther away from home. So by the advice of those better acquainted with foreign affairs, we went to the city which was to become my second home, Boston. We joined the party of the present Marquis Kuroda's father which included Kaneko and Dan.

Arrival in Boston.—Arrived at Boston we went first to St. James's Hotel and then tried to get a suitable house to board in. I remember one cold winter's day, such a day as I had never before met with in Japan, we went out house hunting, led I believe by Mr. Homma Eichirō. I do not know it came about but somehow we had a letter of introduction from Consul Brooks of San Francisco to Mr. Wm. Brigham of Boston, and by Mr. Brigham's efforts we found a home in the family of Rev. Mr. Charles Nathaniel Folsome of Concord.

A retrospect.—Within the last year or two my life went thro' a most violent change: from the quiet of Iwakuni I issued forth and first tried my weak wings to soar as far as Osaka, there to take a greater flight to Tokyo, and then into the great, great world. It was a very bold act, especially for those days, but a wise one; it made my mind and body active and enterprising, it gave me experience, and it broadened my views.

My life at Concord.—Mr. Folsome's family consisted of his wife and one daughter who lived at home. He had besides one son and two daughters who were away. Mr. Folsome was a retired clergyman over sixty

years old, a type of old New Englander, he was a soul of goodness and piety, as was his whole family. I lived with this family from March to August of the year 1872 (if I remember correctly); these six months live very vividly in my mind mingled with pleasant recollection and many lessons and experiences that influenced my mind very much. To a child, days are always long and happy, it seemed especially so to me at Concord, the child's mind is receptive and the new things I saw and heard so impressed me that these brief days at Concord form a very important period of my life.

My impressions derived from nature.—We arrived at Concord when the snow was still on the ground, then the New England spring suddenly burst forth in all its freshness and beauty, the river, the pleasant Concord River, became navigable; then came the summer and we made excursions to the neighborhood. I occasionally went to Boston and it will give an idea how young I was when I say that it was a great delight for me to play with toy balloons.

My studies.—I read English beginning with Hilbard's fourth reader, I also studied Arithmetic, Grammar, Geography, and Composition. Such was the state of Education in Japan at that time that even grown up persons had no knowledge of Geography and sometimes of Arithmetic; so Dr. Tsuchiya who was nearly 30 years old found those studies as new to him as to me. I did not keep up my Japanese, but thought it my duty to forget what little I knew of it—a duty which, I am sorry to say, I faithfully performed.

The influence of my studies and surroundings.—The regular mode of life with the Folsomes was a complete change from the slip-shod sort of existence that I must have led in Japan. For instance I remember being asked once at what time I was accustomed to go to bed, I was at a loss what to answer, it had never occurred to me to fix the time for going to bed; I believe I went to bed when I felt sleepy or approximate when every body went to sleep by common consent. The idea of keeping hours was revelation to me. The purity of life, piousness, and kindness were characteristics that constantly impressed me in my intercourse with the members of the family. One day while reading one of the lessons in my reader the sacredness of *truth* came home to me with a remarkable force; I fear that up to that time, without intending to be malicious, I did not set so high a value on veracity, and secretiveness was another of my faults; but since then it has been my principle to tell the truth and to have no secret but such as were confided to me by others. I think I can now

say with a clear conscience that *regularity of hours, truth, openness, sincerity, keeping of promises* are virtues I have tried to cultivate all through my life, and whoever knows me will testify to the truth of my assertion.

Moral.—The qualities above described are not peculiar to Concord or New England, but are good anywhere. You will however find that some people are not so scrupulous and will rather call a person a simpleton, if he carries them out to extremity; but I assure you my children that you will be no loser in the long run by adhering to them, I therefore earnestly *exhort* you.

1. Be regular in your habits.
2. Be truthful and sincere.
3. Have no secret (never do a thing which you are ashamed to tell others).
4. Keep promises (and others will trust you).
5. Be kind to others (and others will be kind to you).

Religious influence of Concord.—As stated Folsomes were a very religious family almost puritanical in their ideas. Every morning and at each meal prayers were offered; on the Sabbath the house was as still as the house of death, the shutters were closed so that it was dark and gloomy within and all the family of course went to church; we had only two meals on Sundays, because no cooking was done, and I confess that it made me very hungry. I remember one Sunday I went out in the yard and was playing ball, when Mrs. Folsome, a most gentle and kindly person, ran out of the house and scolded me (the only time that she ever did so). I did not then understand the meaning of Sabbath and I was completely bewildered, but to her eyes my act was a most grievous sin, for all the family strictly observed the commandments of the Bible.

> "——in it thou shalt not do any work, thou, nor thy son, nor thy daughter, nor thy man-servant, nor thy maid-servant, nor thy cattle, nor thy stranger that is within thy gates."
>
> (Ex. xx.)

All this had a strong effect on my pliant mind but I never followed the strict ceremonies and rites of the religion, nor did I become a Christian, as I shall have occasion to show later on. I do not intend to influence my children's belief, in fact I cannot, for I have not yet been able to come to a definite conclusion myself, I leave to their conscience and to their study; but I wish to recommend to them to read the Bible, as they would read Rongo or any other good book that had stood the test of centuries.

Schools in Boston.—In September 1872, I left Concord with a sad heart, for I liked the Folsome family.

My object in going to Boston was to attend schools there and I think that it was a wise move.

The schools attended in Bosten were,——

Rice Grammar School, September 1872 to June 1875.

Chauncy Hall School, September 1875 to June 1879.

The course of study was such as was prescribed for common schools at that time, and, as nearly as I can remember, was the following,——

At Rice School:

Reading; Hillard's Franklin Fifth and Sixth Readers.

Writing.

Composition.

Arithmetic; Eaton's Grammar School and Intellectual Arithmetics.

Grammar; Kerl's.

Spelling.

History; Anderson's United States, Worcester's England.

Geography; Warren.

[There was also singing at the school, but I, with others of my countrymen who attend the school, obtained excuse on the ground that we had all we could do in pursuing other studies. But in reality, we had in those days the old Japanese notion that singing was vulgar. It might be said *en passant* that I never learnt dancing, for I had the same sort of feeling on that subject.]

At Chauncy Hall School:

Reading; Irving's Sketch Book, Scott's Lady of the Lake, Shakespeare's Plays.
Writing.
Composition.
Punctuation; Wilson's.
Mathematics; Arithmetic, Algebra, Plane and Solid Geometry, Trigonometry.
Spelling.
Physics; Ganot's.
History; Greece and Rome.
Geography; Ancient and Modern.
Classics; Latin and Greek.
Language; German.
Literature; Essays and Novels.

I thus obtained general education, common to American boys, and my mind must have been moulded accordingly. I did fairly well in my studies, for at Rice School I stood generally between 3rd to 7th in a class of about forty: and at Chauncy Hall I graduated "Summa cum laude" and received first gold medal for general excellence, third

gold medal for declamation, Thayer Association medal for English composition. I liked studies and worked conscientiously. Especially, during the year previous to entering Harvard, I generally went to bed at 11 and rose at 5. I do not think I took all the exercises I needed. I liked foot-ball very much and played it whenever I had an opportunity; but I ought to have taken more walking exercises in the air. I believe that this want of exercise deterred me from becoming as robust as I should have.

Families and boarding houses.—I lived at first with the Dunham's on Springfield Street. It was not a regular boarding house, but there lodged at the same time, Miss Allison, a teacher in Rice School, her mother and sister, Kaneko, Dan, Tanaka, and at one time Dr. Tsuchiya. Here I did not have the benefit of family influence as I did at Concord, but came more under the influence of my older companions and of school-mates. There were, at that time, a number of Japanese, and we even had a Japanese club, but I associated very little with my countrymen, and forgot more and more our ways and language. I think it was in '73, that the Dunhams removed out of Boston, and we had to seek lodgings elsewhere. I then went with Tanaka to a regular boarding house at 293 Columbus Avenue, and later on lived with the Wheelers at 238 West Canton Street. I became acquainted with this family, through my class mate Charlie Wheeler, a very bright boy, who generally stood at the head of the class in Rice School. I stayed with the Wheelers from 1874, or 75, till 1879, and their house became a home to me. I will not compare them witn the Folsomes, for the Concord family was an exceptional family—a most perfect type of the pious, old New England home. The fact that I went to Concord when I was very young and when the American things were new to me, may have some weight in increasing my adoration of the Folsomes, but I believe to this day that my life has been made better and purer by them. Although the Wheelers may not come up to this exceptional ideal, still they were a very nice people and I always called Mrs. Wheeler mother Wheeler. It was through them that I became thoroughly acquainted with the American family life.

Vacations.—During the Summer vacations, I went to the following places :—

1873, Lynn ; 1874, Mt. Desert ; 1875, White Mountains ; 1876, Trip to Japan ; 1877 and 78, Hollis, New Hampshire, where Mr. Wheeler's brother owned a large farm ; 1879, to Concord, to revisit the scenes of my early boyhood.

With the exception of my short visit to Japan, I never went outside of New England.

Influence of Boston and New England.—As young sapling is easily bent and shaped, so the mind of youth is most pliable. Livings as I did, between the ages of fourteen and nineteen, it is to be presumed that my character was moulded by my surroundings. I am not able to estimate accurately, what influence each particular man or event exercised over me, but I believe the general result obtained was somewhat as follows : —

1st : Spirit of Independence. Had I lived during those years in Japan, I would have been surrounded by so many attendants that I should not have learned to depend upon myself so much. I remember that one of my earliest resolutions was to get such an education as would enable me to earn my living. This I think forms a striking contrast to what my thought would have been in Japan, and indicates a healthy state of mind. I believe that in youth hardy independence is better than the thought of relying on others. I *recommend* my children to cultivate the spirit of independence so to prepare themselves as to be able to stand in the world without the aid of others. Although there is a difference between the independence of a nation and that of an individual, still that *word* independence repeated so often in America had no doubt a subtle influence on my mind ; the Independence Day, the Independence Centenary pounded into me the idea of independence.

2nd: The idea of Equality. Two great historic events that impressed my youthful mind were the war of Revolution and that of Secession. From the former I received, as above said, the idea of independence, and from the latter that of equality and humanity. I learned to be considerate toward my inferiors. I do not know how it will be in after years, but in Japan of to-day, we have the tendency of piling all the work on the shoulders of the humbler class. *I wish my children* to take this to their heart; Men are equal. The mere chance of birth does not make one man the inferior of another. If you wish to rise to high position in life you must do so by your own merit and effort. Learn also the *dignity* of labor. Whoever labors honestly should be reverenced, and whoever wastes his time in idleness and slothfulness deserves contempt.

3rd: Sense of Duty. This may have been an inherited character but was strengthened by the precepts of teachers at school and by reading.

4th: Regularity. The mode of life at school and in the family gave me a regularity of habit that I should probably never have acquired in Japan.

5th: Chastity and Sobriety. While I lived in America, I never drank any intoxicants, and in associating with the opposite sex, I held it my duty to observe the

strictest decorum. In Japan, force of custom would have obliged me to drink and to associate with disreputable women. It was, therefore, a great good fortune that I escaped these temptations and was able to keep my life and thoughts pure.

What I lost by my American education.—1st: I lost the elementary education of the Japanese language. I have not since had sufficient leisure to make up this lost opportunity, and this forms a great drawback in my social intercourse.

2nd: My habits and mode of thought became different from that of average Japanese. In this way I often find my ideas fundamentally opposed to those of my friends, and I thus lose sympathy with my surroundings.

3rd: I have few friends of youth. I sometimes miss the society of my school fellows, and the assistance that such friends may render me. I believe further that in not having gone into society much during my school days, I did not acquire early the worldly wisdom, that is often essential to success in life.

Harvard.—In June, 1879, I passed the entrance examination, and from October I entered Harvard. It was with a sense of joy, satisfaction, and pride that I occupied my rooms at 23 Mathews Building. I was the lord of my own rooms with all the furniture and began to live an independent life, I was no longer a boy, but a young gentleman, associating with other young gentlemen.

Although the four years at Cambridge stand out vividly in my recollections as the brightest page in my life, I shall not dwell on all the incidents of that period, for the University life is common to all who have passed through that training. Suffice it to say that not only my studies, but the influence of scholastic surroundings, the communion with the best minds, and association with the best class of people, were calculated to give me the best education possible. The studies I pursued were rather of a desultory character including such subjects as History, Economics, International Law, Literature, Languages, &c. It was my misfortune that my inexperience was not compensated by my own good sense or the advice of others; but being left to my own whim, my energies were often misdirected.

However, the course at Harvard rounded out my education and formed a fit close to my career in America.

Europe. - In July, 1883, after my graduation from Harvard, I sailed for Europe. After travelling thro' England, Scotland, Holland, Germany, Switzerland, France and Italy, I took the Mail from Brindisi and arrived in Japan in December of the same year.

The first months in Japan. – Arrived in Japan, I

felt like a stranger in my native land. I could speak the language, but had almost forgotten to read it. I knew nothing of my country, except what I learned in my early boyhood. Yet I did not have to study the language and people as a foreigner. All I had to do was to get used to my surroundings. I of course took a journey to Iwakuni, returning to Tokyo after a brief absence. I then began to study Chinese classics and literature and so passed my days until the summer of 1884, when I was invited by Count Inouye to become a member of the Foreign Office (Count I. was then Minister of Foreign Affairs). I at first declined this offer, because I thought a position in the Foreign Office might oblige me to go abroad again, whereas I had already passed too many years away from home and knew too little of my own country. At this time my inclination lay more in the way of continuing my studies and living a scholarly life. Count Inouye, however, finally prevailed upon me to enter the Foreign Office, and he has since been my benefactor, adviser, and never failing friend. It was in the fall of the year (1884) that I finally entered on my official life. Count Inouye was just then on the point of starting on a tour through Yamaguchiken to establish schools, and I accompanied him. On our way back to Tokyo, we learned of the disturbances in the Korean capital and of the attack on the Japanese Legation. Count Inouye hastened back to Tokyo and was soon again on his way to Korea whence I again accompanied him.

The change in my mode of life.—I suppose there is a time when every boy is rudely awakened from the dreams of his school life, and finds himself facing the great world before him. In my case the change was perhaps more sudden and bewildering than is the case with most young people.—

America and Japan.

Life of study and books and the life of the real world.

Such was the contrast. On looking back on those times, I doubt if I fully appreciated the change, the change was so sudden. I failed to realize that in entering this new career I had to dispense with my former habits, that it was quite impossible to keep regular hours as I did at schools, that I had to submit to the folly of passing many hours of waiting on the convenience of my superiors, as well as to the drudgery of office work when commanded. The change from the sober life of America to the frivolous life of society, from the earnest teachings of books to the shallow talk of the men of world was not altogether to my taste.

Moral.—My children, especially the boys, will some

day pass through a like experience. I advise them when such time comes to recognize the fact at once. Look the fact square in the face. Do not feel regret at the fact that you have to leave behind you a time of scholarly ease (that is if you are intending to enter on an active life), but plunge at once into your work whatever that may be. Do not be discouraged if you have to do work that seems beneath your position or ability; remember that in climbing a height you must begin at the lowest step; every one has to do that and you are no exception to the general rule. Take care at the same time *not* to be led into temptation; beware of bad friends; be industrious, keep your life sober, pure, honest. We have but one body and one life, and the follies of youth cannot be made good in later years.

Book recommended.—In starting on life I wish to recommend an excellent work entitled "Getting on in the World" by Mathews which you will find in my library.

My life at the Foreign Office.—After I overcame the first shock of the new life, I rather enjoyed my work at the Foreign Office, keeping myself fairly busy. Soon after Count Inouye's return from Korea, the work on the revision of treaties was commenced, and I was placed on the Bureau of Revision. The negotiations unfortunately did not progress favourably and the conference was postponed "sine die." I then received an appointment to go as the 2nd Secretary of the Legation at Berlin. Viscount Aoki, then Vice Minister of Foreign Affairs, was very kind to me in this appointment and throughout my career in the Foreign Office.

In November 1886 I bade farewell to my mother, brother, and others and sailed from Yokohama. There were twenty-seven fellow passengers, including Marquis Saionji, going as Minister to Berlin, Marquis Tokugawa and Count Toda, going in the same capacity respectively to Rome and Vienna with their families and attendants, Mr. Fujita, attache at Vienna, Mr. Sufu, Councilor of Legation at Rome, Doctor Yamane and Eguchi, and others. We had a very pleasant voyage and arrived in due time at Marseilles.

Rome.—As Marquis Saionji had a mission to Rome, we went thither from Marseilles, had audience of the Pope (Leo XIII), and then went to Berlin.

Arrival at Berlin.—It was in the dead of winter when we reached Berlin. My chief duty was of course to attend the Legation; but as my knowledge of German was still very limited, in spite of the fact that I had studied in America, I took lessons in the language. I kept myself quite busy, rising before anyone was up and

going to my teacher, who was also an early riser. I also made it a point to study or read after retiring from the Legation, but as social functions occasionally kept me very late, it was sometimes midnight before I returned to my lodgings. In that case even I did not go to bed until I had finished the works I had allotted to myself for that day. Fortunately, however, my health was good and I did not feel any evil effects from my studies.

Experiences in Berlin.—I was at Berlin at a very interesting period, for that circle of famous men who formed the German Empire were still living. I had audience of the Emperor William, and saw Bismarck and Moltke. In 1888, known as the Drei-Kaiser-Jahr, the old Emperor William died, he was followed to the tomb by Emperor Frederick, and the present Kaiser came to the throne. In that same year Bismarck made his famous speech, making public the Triple Alliance. In that same year, too the great controversy raged around the deathbed of the Emperor Frederick. Thus I had the opportunity of watching on the spot the events that occurred on the theatre of European politics; and I was also enabled to see the life of the European court and diplomatic society. Whether I made full and wise use of my opportunity is another question, I regret to say I did not.

My inclination to study.—My inclination rather

lay in the way of study. I imagined I could get the knowledge of German institutions from books and I read and I read. I used all my spare time in reading German books, which I but imperfectly understood and therefore could not fully digest. I finally grudged the time I had to give to my duties at the Legation and to the social call which my position entailed. So I resigned and went to Heidelberg (1890).

At Heidelberg.—There were various reasons that made me chose Heidelberg. The chief among them was the small number of my countrymen there. All the other university towns being then fairly crowded with Japanese students, I thought I would be disturbed in my studies by them. Another reason that made me chose Heidelberg was that I liked the town with its fascinating old castles, its picturesque situation, and English society. At Heidelberg I attended the lectures at the University and again I read and read, beguiling my leisure hours by taking walk among the pleasant hills or rowing on the river.

The death of Shimo.—While I was thus engaged, happy in the thought of having so much time to study, I received a telegram one night. It said "Shimo dead." Shimo was the man, who after the death of my father, took care of my brother and me, taught us, and faithfully

administered our household affairs. He was the only one in our household whom I knew well, and I trusted him implicitly. During the time that I was in Japan 1883-7, I paid but scant attention to my household affairs and knew nothing about it. Now that the one I trusted and thought of as a second father to me was dead, I felt that a great calamity had befallen me. I felt it my duty to return home and help my brother; so I at once made preparations and returned to Tokyo (1890).

Comment.—I thought it a duty as far as my household was concerned; but if I had still been in the Government service, the duty to my Government would have compelled me to remain in Germany, and our household affairs would have probably righted themselves in some way without me. I think it was want of patience to have resigned my position and that it was a mistake.

Moral.—Always consider well before you take a decisive step. Do not act on the impulse of the moment but ask the advice of your elders.

After return to Japan.—The first few months after my return to Japan were spent in visiting Yamaguchiken. Count Inouye was at that time staying at Onoda. He was there out of office and was employing his leisure in drafting the House-law (Kaken) for family of Prince Mōri. His idea was to have the family retire to Yamaguchi.

I fully concurred with him and entered into his project with my whole heart. I also drafted with the assistance of Moriwaki and others a House-law for our family. I might have at that time reentered the Foreign Office, but somehow I did not have the inclination. I entered, instead, the House of Peers. I was married in April 1892 and then all you children began to come. You know the rest of my history, so I will not take the trouble of telling it; but I shall ask you to examine with me the inner working of my mind, and rightly understand my views in various matters that I had to deal with during these latter years.

The House law.—I had advocated the idea of making House-law, before I went to Germany, that is five years before Count Inouye made the House-law for Prince Mōri's family. So it was not a new project for me.

Country residence.—My idea, like Count Inouye's, was to have the family have its seat of residence in the country, and to make a rule of succession, so as to prevent any future controversy in the matter.

The reasons, which, it seems to me, makes the residence (that is having the *seat* of residence) in the country, is the stability of the country life. In the city there is a constant change and movement of the population. Buildings are constantly being torn down to be

replaced by new ones. A person living on a place on one day is away on the next and the place thereof knows him no more; neighbors scarcely know each other and can consequently have very little mutual respect or kindly feeling. In the country it is different; there the same families live in the same residence for years, the same familiar object remains unchanged generation after generation; so the people come to know each other, to have common joys and sorrows, pride and humiliation, and a common interest in their local welfare. Washington Irving well describes the stability of country life in the following passage.

"I mention this peaceful spot with all possible laud; for it is in such little retired Dutch valleys, found here and there embosomed in the great state of New York, that population, manners, and customs remain fixed; while the great torrent of migration and improvement, which is making such incessant changes in other parts of this restless country, sweeps by them unobserved. They are like those little nooks of still water which border a rapid stream; where we may see the straw and bubble riding quietly at anchor, or slowly revolving in their mimic harbor, undisturbed by the rush of the passing current." (The Legend of Sleepy Hollow.)

It is in such a quiet country place that the people have kindly feeling for each other and an ancient family having residence in such a place can hope to do some good to the society around it, and to be repaid by the respect of the neighbors.

I do not profess to know much of England from personal observation, but from what I have read and heard, I imagine that the ancient families living for centuries in the country are doing much good by being the natural leaders to whom the common people look for guidance and example. They are an ornament of the nation and are useful institution of the society, and in this way justify their *raison d'être*.

Unfortunately the great revolution in our country has driven the ancient families to the capital (perhaps fortunately in some respects), there to be engulfed and lost in the ever changing tide of popular wave. It is only in places like Yamato where the great owners of the forests have lived for generations as the natural leaders of the surrounding country, that one still finds the rural aristocracy in Japan. The revolution has changed the daimyōs but left unaffected the untitled aristocracy. My idea is that the ancient families should have their residence in the country, not simply for their own good and preservation, but for the sake of that order and stability which such institutions afford.

I must not, however, be understood to mean that I advocate the residence of the individual members of the family. All I desire to say is that the *residence* of the family should be in the country, that the head of the

family should live at least a part of the year there, so as to have common interest with the people; but as to the younger members, let them by all means go out into the world and brave its dangers—not rot and stagnate in the country. Above are the reasons, which make the House-law provide for residence in the country.

Succession.—The next thing that I have to notice is the succession. In wealthy and ancient families, succession is apt to become a matter of controversy; but we have no choice except to follow the law of the land and it has been as provided in the House-law. There may, however, be cases of doubt or possibility of evading the law. To illustrate my meaning by an example; the eldest son may be an idiot, or the legal successor may be a girl. Under circumstances of this kind, there may arise doubt or temptation to evade the law. The House-law cannot provide for all such cases and the only way out is to appeal to the *conscience* of those concerned. I would here quote the words of Mencius,—

* 萬乘之國弑其君者。必千乘之家。千乘之國弑其君者。必百乘之家

* "In the kingdom of ten thousand chariots, the murderer of his sovereign shall be *the chief* of a family of a thousand chariots. In a kingdom of a thousand chariots, the murderer of his prince shall be *the chief* of a family of a hundred chariots." MENCIUS, I. 2 in The Chinese classics, 1861, Vol. II. [Ed.]

This means, I take it, that he who is close to a desirec object has the temptation to evade the law or strain a point to compass his desires; and therefore such persor should be careful not to be led into evil.

I would further quote the words of Mencius—

* 爲ニ人臣一者。懷ニ仁義一以事ニ其君一。爲ニ人子一者。懷ニ仁義一以事ニ其父一。爲ニ人弟一者。懷ニ仁義一以事ニ其兄一。是君臣父子兄弟。去レ利懷ニ仁義一相接也。然而不レ王者未ニ之有一也

Property.—The third point that the House-law lays stress on is the property and its management. It says that the property belonging to the house (that is inherited from preceding generation) is not to be divided or to be disposed of by the will of the head of the family, but that property belonging exclusively to the head of the family may be freely disposed of by his will (Art. 24). This means that property belonging to the family should be kept compact and not scattered by

* "Ministers will serve their sovereign, cherishing the principles of benevolence and righteousness: sons will serve their fathers, and younger brothers will serve their elder brothers, in the same way:—and so, sovereign and minister, father and son, elder brother and younger, abandoning *the thought of* profit, will cherish the principles of benevolence and righteousness, and carry on all their intercourse upon them. But never has *there* been such a state *of society*, without the State where it prevailed rising to imperial sway." MENCIUS, P. 306. in The Chinese classics, 1861, Vol. II. [Ed.]

being divided among its various members. The head of the family who thus becomes the possessor of the whole property should not, however, use it (much less squander it) of his free will without consulting various advisers provided in the House-law; because the property, though legally belonging to the head of the family, was inherited, not earned by him. Therefore it is his duty to use it wisely and well, not for his caprices. The property belonging exclusively to the head of the family, that is property earned by his own exertions may be freely used by him; for it is well that the head of the family should earn property by his own exertions if he so may; and then it is proper that he should do what he likes with his earnings. The principle here involved is that the head of the family should hold inherited property as his *sacred trust* to *use* it well; but that he should not become a machine for keeping money, and should use whatever he earns by his own exertions, to his own amusement or profit.

The property is divided into three classes.

(a) The first class fund.

(b) The second class fund.

(c) Reserve fund.

The reason for so dividing the property is to ensure its greater safety. Just as a castle is divided into various enclosures, or a ship into several compartments, so that even if one part be destroyed or lost the rest may survive, our family property is divided so as to save one portion in case of the loss of another.

Of the three classes of property the first class is intended to be the most solid. Its function is not to seek large profit, but to remain secure. Therefore, no payments are to be made out of this property except the payments for taxes. So this property has nothing to do but be lazy, so to speak, and get fat. It was .... in the 26th year of Meiji and this year (the 38th year) it has grown to .... Out of this property a certain amount is to be laid aside as *insurance* against sudden losses of the property. The original idea contained in the House-law was to lay by a certain amount out of the profit of the 1st class fund, but in practice this has not been strictly adhered to, and when the insurance fund reached 1/10 of the 1st class property, this laying by was discontinued, and I think it well to have this ratio of one to ten always maintained.

The 2nd class fund is the most active of the three classes, for it has to pay the current expenses, salaries, all the expenses of social intercourse, all gifts and charities, and all miscellaneous expenses. Its function is therefore to get as large a profit as possible. Now large

profit and safety do not always go hand in hand, but the matter of safety should never be left out of mind and all speculation should be strictly avoided.

The reserve fund bears somewhat the same relation to the 2nd class fund, as does the insurance to the 1st class fund. The function of the reserve is to meet all unforeseen expenses of large amount, and to make good any losses that may occur. It should be kept in ready money or in form easily convertible to cash, so as to meet any emergency. The ratio of the reserve to the 2nd class fund should remain at 1 to 10.

These several classes of property are to be kept strictly apart, and if one class should be obliged to borrow ready money of another, such money should be scrupulously returned at the earliest convenience. This arrangement is rather complicated and troublesome, and it has been suggested that all kinds of property be given over in trust to the second class fund, receiving certain amount of interest on the money so entrusted. Now this arrangement has the merit of simplicity, and would be very beautiful if nothing happened; but that would be nullifying the fundamental principle of the division of property. You might as well pull down the walls of a castle, or level the mounds of a fortification on the grounds of convenience. It would be very well in times of peace, but if anything happens, that convenience would be dearly purchased. Therefore *keep the several kinds of property strictly apart.*

Relation to the family of Prince Mōri.—Another and most important matter mentioned in the House-law is the relation between our family and that of Prince Mōri. The study of history will make this sufficiently clear, so that there is no necessity of going into details in this place, but I wish particularly to mention the fact that I owe great personal obligation to the late Prince Mōri (Chūai-kō) and that in his will he has made a special mention of me.

General remarks on the House-law.—The other points of the House-law speak for themselves, so I will not dwell on them. There has been a great stress laid on the management of property; but *men* are needed for successful management. First of all the head of the family, should be so qualified, and he should have men to assist him. The House-law has been criticized on account of the undue importance given to property and its management. I fully admit the justice of this criticism. Property is the means and not the end. The head of the family and its various members should be so educated and should have their characters so formed as to be able to discharge the duty which in their several positions

they may owe to the country and society. Here I wish to quote the words of wise men of antiquity at random :—

[1] 曾子曰。吾聞二諸夫子一。孟莊子之孝也。其他可レ能也。其不レ改二父之臣與一父之政一。是難レ能也（論語）

[2] 所レ謂故國者。非レ謂レ有二喬木一之謂上也。有二世臣一之謂也（孟子）

[3] 夫レ聖人ノ人ヲ用キルハ尙木ヲ用キルカ如シ其長スル所ヲ取テ其短キ所ヲ棄ツ

[4] 國不三以レ利爲二レ利。以レ義爲レ利也（大學）

[5] 其人存。則《スレハ》其政擧。其人亡。則《スレハ》其政息（中庸）

[6] 去レ讒遠レ色。賤レ貨而貴レ德。所三以勸二賢也（中庸）

1. "The philosopher Tsăng said. 'I have heard this from our master:—the filial piety of Măn Chwang, in other matters, was what other men are competent to, but, as seen in his not changing the ministers of his father, nor his father's mode of government, it is difficult to be attained to.'" CONFUCIAN ANALECTS, p. 209, in The Chinese classics, 1861, Vol. I. [Ed.]

2. "When men speak 'of an ancient kingdom,' it is not meant thereby that it has lofty trees in it, but that it has ministers *sprung from families* which have been noted in it for generations." MENCIOUS, p. 41, in The Chinese classics, 1861, Vol. II. [Ed.]

3. "The sage knows how to assign the respective tasks to various men, by making use of their merits and leaving off their demerits, just as the good carpenter does with his timbers." [Ed.]

4. "In a State *pecuniary* gain is not to be considered to be prosperity, but its prosperity *will* be found in righteousness." THE GREAT LEARNING, p. 244, in The Chinese classics, 1861, Vol. I. [Ed.]

5. "Let there be the men and the government will flourish; but without the men, their government decays and ceases." THE DOCTRINE OF THE MEAN, p. 269, in the Chinese classics, 1861, Vol. I. [Ed.]

6. "Discarding slanders, and keeping himself from the *seductions of* beauty; making light of riches, and giving honour to virtue;—this is the way for him to encourage men of worth and talents." THE DOCTRINE OF THE MEAN, p. 274, in the Chinese classics, 1861, Vol. I. [Ed.]

1 富與貴。是人之所欲也。不以其道得之。不處也　（論語）

2 不義而富且貴於我如浮雲。（論語）

House and individual.—In making the House-law, the importance of the house is premised, and its perpetuation and prosperity desired. As far as I am concerned, my American education makes my inclinations rather individualistic, I am in sympathy with the man who said that he would rather be at the big end of a short pedigree than at the little end of a long one; when a gentleman once said to me that our family ought to buy the site of Umanoyama,[3] I replied that rather than buy such a site and perpetuate the land in our family, we should essay to perpetuate the *indomitable spirit* of Motoharu in our family, and try to repeat his *deeds* at all times.

Now between the extreme veneration of family and ancestors, and the individualistic tendencies which will

1. "Riches and honours are what men desire. If it cannot be obtained in the proper way, they should not be held." CONFUCIAN ANALECTS, p. 30 in The Chinese classics, 1861, Vol. 1. [Ed.]

2. "Riches and honours acquired by unrighteousness are to me as a floating cloud." CONFUCIAN ANALECTS, p. 64, in The Chinese classics, 1861, Vol. 1 [Ed.]

3. Umanoyama is a hill in the province of Hōki where Motoharu, the great ancestor of the Kikkawa family, with a handful of soldiers, boldly faced the overwhelming army of Hideyoshi who ordered a retreat without offering a battle, making a way for the indomitable spirit of his enemy. [Ed.]

robably increase in the future. I think there is a happy ıean that would respect our institutions without letting ıem degenerate into effeminate worship of the past, and nis leads me to state my views on the families of Kazoku in Japan.

The institution of family in Japan.—It is commonly said that society in Japan is based on the amily and not on the individual, and much stress has been aid on the advantages of such a state of things. Now ithout finding fault with the principle therein involved, I ish to ask if the institution of the family works well in actice. I take it that the value of such an institution onsists in the tradition which should cause the descendants emulate the virtues of their ancestors; in the dignity hich should make the family an ornament of society ıd a representative of order and stability; and, finally, the wealth, which should be used *wisely*. Now how ıany old families are there which fulfil these conditions? Iow many heads of families aspire to imitate the deeds and irtues of their ancestors? How many families can hold ıeir social position with dignity? Are there not some escendants who are disgrace to their ancestors? How ıany houses of wealth use their wealth wisely, for the ood of society?

I think the only justification for the possession of

rank and wealth by ancient families is that such position and wealth are used *worthily*. I think therefore that the heads of such families as well as their individual members should get such *education* and form such a *character* as to be worthy of their position. Every one is not gifted with talent or health to do great deeds and make a name in the world, but every one *can* be *honest* and *diligent* and develop his faculties to the highest point that they are capable of. There is *no excuse* for using one's opportunities in useless dissipation.

As to wealth, the only excuse for its possession is its wise use. Among the families of Kazoku, there are families of wealth and families of tradition. It is perfectly right for the families of wealth to make the acquisition of wealth their chief aim, because they obtained their position by wealth and it is their business to become rich; but for the families of tradition, wealth should be a secondary consideration. Of course money is a convenient possession, and property should be carefully administered, but wealth should be *the means, not the end*; it should be used for maintaining social position, for giving good education to the members of the family, and for doing public good. My intention is to place the property on a firm and safe basis, so that those who come after me may be able to use it for the purposes above referred to; they

will be able to do that on the interest derived from the property, and I solemnly enjoin on those who may have the charge of the property in after years, not to make acquisition of wealth their chief aim, but to maintain it safe in the position I leave it and use the interest *wisely*, of course increasing the property in a legitimate way.

＊経国ノ大本ヲ天下萬世ニ樹立スルハ固ヨリ一生ノ能ク成就スル所ニ非ス

It should be borne in mind that whoever undertakes to lay the foundation of a great work cannot expect to live until it is completed and would only mar his work by trying to hasten. History and every day experience show that in national questions ambitions and desire for fame are great barriers to ultimate success. Whether family matters should be made a subject of serious consideration by noble minds or not, it is not for me to decide; but granted that a family of old descent exists, whoever is charged with the responsibility of acting as the link between the past and the future has a sacred trust. He should remember that the fame of such a family was not won by him, that the property was bequeathed, not made by him; he should further remember

* "To lay the everlasting foundation of good government for a country is beyond the accomplishment of one man's life work." [Ed.]

that the social position and wealth retained and increased generation after generation may, if rightly used, do an immense amount of good to society. It would indeed be a narrow and selfish view if the position and wealth were to be used for one's own luxury or children's comfort; but if they are used for noble works, the aim becomes also noble in pursuance.

家憲

家憲

家憲ヲ定ムルノ要旨

家ノ家憲アルハ猶国ニ国法アルカ如シ　国法ナケレハ人民遵フ所ヲ知ラス。家憲ナクンハ子孫其レ何ヲカ守ラン　恭ク惟ルニ皇室典範ヲ立サセラレ宗家家憲ヲ定メラル　是ニ由リ皇礎益々固ク家運愈々隆ナリ　齊家治国豈ニ二途アランヤ　吾吉川家ハ藤原鎌足公ノ裔ヲ以テ駿河ニ起リ安芸ニ遷リ奕世忠勇能ク祖業ヲ継キ元春公ニ至リテ　丕ニ顕ル公洞春公ヲ輔ケテ力ヲ王室ニ効シ　反ヲ討シ逆ヲ誅シ　大義ヲ天下ニ伸フ　其ノ功績実ニ万世ニ赫々タリ　尋テ広家公治ヲ出雲ニ転シ朝鮮ノ陣国威ヲ海外ニ輝シ　関原ノ役信誼ヲ宗家ニ尽ス　遂ニ従リ周防岩国ニ治ス　爾来世々相襲キ敢テ家政ヲ墜サス　前後年ヲ経ル

茲ニ七百歳　先考特ニ元春公ノ遺訓ヲ奉シ　力ヲ宗家ニ協ヘ王事ニ勤労シ　以テ維新ノ洪業ヲ翼賛セリ
経健不肖先考ノ遺業ヲ承ケ昭代ノ恩沢ニ浴スル久シ　夙夜寅畏唯恐ル　家政ヲ誤リ以テ先考ノ栄誉ヲ
汚スアランコトヲ　今宗家ノ典型ニ則リ遺訓ヲ紹述シ茲ニ家憲五十条ヲ定メ謹テ祖先ノ神前ニ誓ヒ躬親
ヲ守リ　又永ク子孫ニ貽シ遵守シテ失墜無ラシメントス　夫レ吾カ家ノ今日アルハ皆祖先忠孝ノ余沢ナ
リ　勤王ノ大義　祖先ノ孝道　宗族ノ親誼一日モ之ヲ忽ニス可ラス　子孫苟モ此家憲ニ背キ王事ニ惰リ
宗族ヲ疏ンシ放逸奢肆家政ヲ紊乱スル者アラハ独リ吾カ志ニ違フノミナラス　信ヲ宗家ニ失ヒ罪ヲ祖
先ニ得ルヤ亦大ナリ　後世子孫其レ之ヲ服膺シテ怠ルコト勿レ

明治二十六年四月

正四位勲四等子爵　吉川経健

家憲

第一章　家主及家族

第一条
家主ハ祖先ノ霊前ニ於テ家憲ヲ遵守スヘキコトヲ誓ヒ　親ラ之ニ記名調印スヘシ

第二条

家主ハ家憲ニ基キ家政ヲ総理シ　一家ノ秩序安寧ヲ保チ　外皇室ノ藩翰タルコトヲ忘レス　内祖先ノ名誉ヲ辱メス家門ヲ益々隆盛ナラシメテ之ヲ子孫ニ伝フル事ヲ務ムヘシ

第三条

家主ハ家族ノ養育ヲ負担シ其教育及ヒ品行ヲ監督シ　決シテ等閑ニ付ス可ラス

家族給養規則ハ別ニ之ヲ定ム

第四条

家主放蕩又ハ其他ノ事故ニ因リ家名ヲ汚辱シ家産ヲ蕩破セントスル歟　又ハ精神病若クハ身体上不治ノ重患アル時ハ　特別会議ヲ経テ相当ノ処分ヲ為スヘシ

第五条

家族ハ家憲ヲ遵守シ　忠孝勤倹恭順ニシテ家門ノ秩序ヲ保ツヘシ

第六条

家族ハ一身上ニ係ル重大ノ件ニ付テハ必ス家主ノ許可ヲ受クヘシ

第二章　維承

第七条

家統維承ノ順序ハ華族令ニ拠リ民法ニ則リ之ヲ定ムヘシ

第八条

法定ノ推定家督相続人ヲ廃除シテ家統継承ノ順序ヲ定ムル時　遺言ヲ以テ家統継承者ヲ指定スル時

及ヒ其他ノ場合ニ於テ之ヲ撰定セントスル時ハ　特別会議ニ於テ慎重考慮シテ之ヲ議定スヘシ

第九条

前条ノ場合ニ於テハ左ノ標準ニ依リ継承者ヲ議定スヘシ

一　血統最近キ事

一　男子タル事

第三章　分家及縁組

第十条

家主及ヒ家嗣ノ妻ハ華族中ヨリ撰フヘシ　華族中相当者ナキ時ハ系統正シキ家ヨリ撰フヘシ

第十一条

家族他家ニ縁組ミ又ハ婚姻セントスル時ハ系統正シキ家ヲ撰フヘシ

第十二条

家族男子ニシテ分家又ハ他家ノ養子トナリ、女子ニシテ他家ニ縁付ク者ハ　相当ノ財産ヲ分与スヘシ

但財産分与ノ金額及ヒ其方法ハ別ニ之ヲ定ム

但家主ノ許可ナク婚姻　縁組スル家族ニハ分与金　手当金ノ給与ヲ廃スルコトアルヘシ

第十三条

将来ノ分家ハ当家ト交誼ヲ厚クシ与ニ共救積立金ヲ為スヘシ　其積立方法ハ別ニ之ヲ定ム

第四章　親属

第十四条

正二位勲一等公爵毛利元徳ノ家ヲ宗家ト称ス　宗家及ヒ従三位勲三等子爵毛利元敏　従四位勲四等子爵毛利元功　正五位子爵毛利元忠　従五位男爵小早川四郎ノ五家ハ元春公以来格別ノ由緒アリ　当家ニ於テ交誼ヲ厚クシ永世渝ル可カラサル家ナレハ　家憲記載ノ親属ト定ム　従五位男爵毛利五郎　従五位男爵吉川重吉ノ家ハ家憲記載ノ親属ニ準シル者トス

第十五条

宗家家憲第三十一条ニ定ムル親属共救法ハ堅ク遵守スヘシ

但宗家家憲第三十一条及ヒ同付録ハ家憲参則トシテ別ニ之ヲ掲ク

第十六条

第十四条ニ定ムル親属外ノ親属ハ尋常親属トス

第五章　居住及祭祀宝器

第十七条

世襲ノ居住地ハ周防国玖珂郡トス

第十八条

祖先ノ祭祀ヲ厚クシ追遠ノ道ヲ怠ル可ラス

第十九条

安芸国高宮郡上深川村　山県郡中山村　新荘村　海翁寺村　舞綱村　周防国玖珂郡横山村ニ在ル祖先ノ墳墓ハ　永ク保存シ荒廃セシム可ラス

第二十条

永世ノ墓地ハ周防国玖珂郡横山村ト定ム

但家主夫妻ノ外ハ便宜ノ地ニ埋葬スルモ妨ケナシ

第二十一条

世襲什器簿ニ登録シタル宝器什書ハ子孫相伝へ　散逸分与ス可ラス

第二十二条

系譜及ヒ記録ハ永ク保存シ妄リニ加削ス可ラス

第六章　家産及財務

第二十三条

総テ財産中祖先ヨリ継受シ子孫相伝へ永世家ニ貯存シ将来益々利倍増殖スヘキ性質アル者　及ヒ家政上公ケナル収支ニ係ル者ヲ家産ト云フ　手当金其他特別ノ職業ヲ営ムニ因ヲ生スル所得其他労力ノ報酬　或ハ他ヨリ贈与　遺贈　相続等ヲ受ケタル為メ家主又ハ家族ノ一箇身ニ専属スル者ヲ専属財産ト云フ

第二十四条

家産ハ家主ニ於テ堅ク之ヲ保全シ　家憲既定ノ外ハ決シテ分割譲与其他処分ス可ラス　専属財産ハ所

有主任意ニ之ヲ処分スルコトヲ得

第二十五条

家産ヲ区分シテ左ノ三種トス

一　第一基本財産

二　第二基本財産

三　予備金

各種ノ財産ハ毎十年簡明ナル記念目録ヲ製シ　家主或ハ後見人財産主管者之ニ調印シ家政協議人ノ証明ヲ経テ永世相伝フヘシ

第二十六条

第一基本財産ハ当初弐拾五万円ヲ以テ之ニ充テ　漸次不動産ヲ購入シ世襲財産トシ　如何ナル事件アリトモ書入抵当トナシ又ハ使用ス可ラス

第一基本財産ヨリ生スル所ノ利益金ヲ以テ該財産ニ関スル諸税　諸掛費ヲ支弁シ　残額ハ原資ニ組入レ又保険料ニ充ツヘシ

第二十七条

第一基本財産外ノ家産ハ総テ第二基本財産原資トシ　濫ニ原資ヲ欠可ラス

第二十八条

第二基本財産ノ利益金拾分ノ壱ヲ毎年予備金トシテ積立テ　臨時費　家族分与金等ニ備フ　予備金積

立テノ程度ハ第二基本財産ノ拾分ノ壱トス　此程度ニ満ツル時ハ予備金ノ利子ヲ第二基本財産ニ組入ルヘシ

第二十九条

第二基本財産ノ利益金ヨリ予備金ノ積立テヲ引去リ　残額ヲ以毎年度経常歳出ヲ支弁スス《ママ》

第二基本財産ノ利益金ヨリ予備金経常歳出ヲ引去リ　其剰余ハ第二基本財産ノ原資ニ組入ルヘシ

第三十条

家産ハ取締ヲ厳ニシ　其収支ハ予算　決算ノ法ヲ適用ス　其帳簿ハ明確ニ整頓シ随時役員ノ点験ニ備フヘシ

第三十一条

貸金ハ確実ナル抵当ヲ預リ　別ニ定ムル法則ニ従フニ非レハ貸与ス可ラス

第三十二条

尋常会議ノ協賛ヲ経ルニ非レハ借金ヲ為スコトヲ得ス

第三十三条

家主　家族ハ他人ノ貸借ニ関係ス可ラス

第七章　家政会議

第三十四条

家政会議ヲ分テ尋常　特別ノ二種トス

尋常会議ハ家政及ヒ家産ニ関スル各般ノ件ヲ協議シ　特別会議ハ特ニ家憲ニ明記スル件及ヒ家政上重大ノ件ヲ協議ス
会議規則ハ別ニ之ヲ定ム

第三十五条
尋常会議ハ家政協議人ヲ以テ之ヲ組織ス　特別会議ハ家憲記載ノ親属　財産主管者　家政協議人ヲ以テ之ヲ組織ス　時宜ニ依リテハ各親属及ヒ姻属中血統最近キ者五名以下ヲ加入スルコトアルヘシ　又後見人或ハ保佐人等アル時ハ特別会員タルヘシ

第三十六条
総テ家政会議ハ家主又ハ後見人之ヲ招集ス　若シ他ノ会員ヨリ招集セント欲セハ　尋常会議ハ会員三名以上　特別会議ハ会員五名以上ノ賛成ヲ要ス

第八章　家政協議人及役員

第三十七条
左ノ役員ヲ常置ス
一　家政協議人五名
二　財政主管者一名
三　家令一名
家扶以下ニ係ル規則ハ別ニ之ヲ定ム

家主成年ニ達セサルカ又ハ久キニ亘ル故障ニ由リ家政ヲ親ラスルコト能サル時ハ　左ノ役員ヲ置ク
一　後見人　一名
但時宜ニ由リ保佐人一名ヲ置クコトアルヘシ
二　後見監督人　一名

第三十八条
諸役員ハ各親属　姻属　分家又ハ旧家臣ノ中ヨリ之ヲ撰定ス
但親属及ヒ姻属ノ範囲ハ別ニ之ヲ定ム

第三十九条
諸役員ハ左ノ資格ヲ具備スルコトヲ要ス
一　正直、謹厚ニシテ家計ニ困難ナク実歴アル事
二　成年以上ナル事

第四十条
後見人　保佐人及ヒ後見監督人ハ特別会議ノ《ママ》経テ之ヲ撰定ス　家政協議人当初ハ家主之ヲ撰ヒ　家憲記載親属ノ承認ヲ受ケテ之ヲ定ム　将来欠員アル時ハ他ノ家政協議人ヲシテ其候補者ヲ指定セシメ家憲記載親族ノ承認ヲ受クヘシ　他ノ役員ハ尋常会議ヲ経テ之ヲ撰定ス
但家主遺言ヲ以テ役員ヲ定ムル時モ亦本条ノ議定ヲ要ス

第四十一条

役員ハ一人ニシテ二役ヲ兼ルコトヲ得ス

但財産主管者疾病、事故アル時ハ家政協議人又ハ家令ヲシテ臨時代理セシムルコトヲ得　家令同様ノ場合ニハ家扶ヲシテ代理セシムルコトヲ得

第四十二条

諸役員ハ家憲、同付録並ニ諸規則遵守ノ誓書ヲ出スヲ要ス

第四十三条

諸役員ハ徳誼ニ基キ其任務ヲ施行シ互ニ和衷協賛シ　総テ家政ハ細大トナク家主ニ稟請シ其裁可ヲ受クヘシ

但勤務規則ハ別ニ規約又ハ細則ヲ以テ之ヲ定ムル事アルヘシ

第四十四条

財産主管者ハ総テ家産ヲ経理スルノ責ニ任シ　且経常歳出及ヒ第十三条積立金ノ会計ヲ監督ス

第四十五条

財産主管者ハ明細ナル予算　決算書及ヒ考課状ヲ作リ　予算ハ家政協議人ノ承諾及ヒ家主ノ裁決ヲ受ケ　決算及ヒ考課状ハ之ヲ報告スヘシ。

第四十六条

財産主管者ハ規則ニ定メタル責任ノ事務ト雖トモ　左ノ行為ニ関シテハ予メ尋常会議ノ協賛ヲ経テ家主ノ裁決ヲ受クヘシ

一　家産ノ一部ヲ売却シ其種類ヲ変換シ　預ケ金ノ預ケ換ヘヲ為シ　其他一切原資ヲ支出シ又ハ利用スル事
一、利益金ヲ以テ動　不動産ヲ購入シ　預ケ金ヲナシ　又ハ予備金ヨリ臨時費ヲ支出スル事
第四十七条
家政協議人ハ尋常会議ニ関与シ常ニ事務上財政上不都合ナキ様注意シ　且財産主管者　家令等ノ行為ヲ監察スヘシ　若シ其不正　不利　違犯等ニ関スルコトヲ発見セハ　家主ニ稟請シ其処分ヲ計ルヘシ
第四十八条
家令ハ尋常ノ家事ヲ料理シ経常歳出ノ会計ヲ担当スヘシ
第四十九条
後見人ハ専ラ家主ノ身体ヲ監護シ　内外ニ対シ家主ヲ代表ス　家産ノ経理ハ財産主管者ニ一任スヘシ
第五十条
家政ノ都合ニ因リ役員ヲ免スルコトアル時　後見人　後見監督人及ヒ保佐人ハ特別会議ノ承認ヲ要シ家政協議人ハ家憲記載親属ノ承認ヲ要シ　其他ノ役員ハ尋常会議ノ承認ヲ要ス
右家憲八章五十条当家重大ノ事件ニ付子々孫々謹守スルヲ要ス　将来法律命令ノ変更又ハ已ムヲ得サル事故ニ依リ増補削除ヲ要スル場合ニ於テハ　特別会議ヲ経テ決定スヘシ

明治二十六年四月

正四位勲四等子爵　吉川経健

右正四位勲四等子爵吉川経健家憲ノ条々永世遵守スヘキ緊要ノ事ニ付　承認ノ証トシテ爰ニ記名捺印候也

明治二十六年四月

正二位勲一等公爵　毛利元徳
従三位勲三等子爵　毛利元敏
従四位勲四等子爵　毛利元功
正五位　毛利元忠
従五位　吉川重吉

総裁吉川男爵御講話

総裁吉川男爵御講話
（大正二年九月三日　水西書院ニ於テ）

（文責筆記者ニ在リ）

今日ノ保勝会ノ事ニ就テ御集ヲ願ヒ、此中ニハ定メテ遠方カラ御出ノ御方モアラウト思ヒマスガ、誠ニ御苦労ニ存ジマス。

私ハ数年前ヨリ本会ノ成立シテ居ルコトハ承知シテ居リ、斯様ナ会ガ隆盛ニ赴クトイフコトハ、其丈ケ地方ノ繁栄ヲ促スモノデアルト考ヘテ居タノデアリマス。然ニ此度ハ本会ノ基礎ヲ更ニ鞏固ニシ発展ヲ図ル為ニ、名望アル沖原君ナリ佐々木君ナリ会ノ要部ニ就任セラレ尽力セラルヽコトニナツタトイフコトハ誠ニ結構ナ次第デ、我邦ニ於テハ稀有ノ組織デアルト、密ニ悦ンデ居ルモノデアリマス。就テハ私ニモ此会ニ関係スル様ニトノ事デアルガ、遠隔ノ地ニ居テ御相談ヲ受ケルトイフコトハ如何デアラウカトモ考ヘテ見タノデアルガ、役員諸君モ皆地方名望ノアル方々デアルカラ、私モ及バズナガラ何トカ微力ヲ尽シ度イト思ヒ御受ケスルコトニ致シタ次第デアリマス。

却説、本会ノ事業方針トイフコトニ就テハ会長ニモ御意見ガアルダラウシ、又諸君ニモ御考ノアルコトヽ思ヒマスカラ、此等ノ事ニ就テ今私ガ希望ヲ述ベルトイフコトハ早計デアラウト思フノデ、茲ニハ然ウイフコトデナク単ニ私ノ所感ヲ御話スルニ止メタイト思フノデアリマス。

私ハ幼少ノ頃ヨリ久シク外国ニ居ツタノデ我本国ノ事情ニハ却テ迂イ様ニ思フガ、外国ノ事ヲ思フニツケ常ニ考ヘルノハ、本邦ニ於テ自治トイフコトニ就テ従来ノ歴史ヲ見ルト、何事デモ共同シテヤルトイフコトハ外国ニ比ベルト余程及バヌ処ガアル様ニ思フノデアリマス。曾テ私ガ江ノ島付近ノ或地方デフト気付イタノハ、道路ノ甚ダ清潔デ下水ノ掃除ナド衛生上ノ設備ノ能ク行届イテ居ルコトデアツタ。私ハ之ヲ見テ聊意外ニ感ジタノデアルガ、其処ハ外国人ノ居ル居留地デアツタノデ其理由ヲ解スルコトガ出来タノデアリマス。一体ニ外国人殊ニ欧米人ハ公共思想ガ著シク進ンデ居リ、其属スル団体ノコトナドニ関シテハ深ク意ヲ用ヒ力ヲ尽シテ居ルノデアル。然ニ之ニ反シテ日本人ハ我内ノ事ハ綺麗ニ始末ヲスルガ、一歩外ニ出ルト猫ノ死体ヤ鼠ノ死体ガ途上ニ棄テヽアツテモ平然トシテ顧ミナイトイフ様ナ風習ガアル。斯ウイフコトデハ自治体ノ進歩ヲ期スルコトハ覚束ナイ。元来自治トイフコトハ町村ナリ其他ノ団体ナリ之ニ関係ヲ有スル者ガ共同シテ其団体ノ発達ヲ図リ、相互ノ幸福ヲ増進ショウトイフノデアル。言換ユレバ御互ニ実力ヲ増シ、福利ヲ得ヨウト思ヘバ其心ヲ一ニシ力ヲ合サナケレバ目的ヲ達スルコトガ出来ナイノデアル。則チ其力一致トイフコトガ自治制運用ノ骨子トナルノデアリマス。手近ナ例ヲ揚グレバ此処ニ電灯トイフモノガアル。以前ハ此ガ行灯ヤ洋灯デ夜ハ火ヲ点ケ昼ハ掃除ヲナシ頗ル手数ノカ、ツタモノデアル。電灯ニナレバサウイウ面倒ハナク至極便利デアルガ、其代リ之ニハ基礎ガイル。入費ヲ要スル。独リ電灯バカリデナク何事ヲスルニモ便利トイフコトニナルト其丈ケ実力ヲ要シ費用ヲ要スルノデアルガ、御互ニ共同シテヤレバ入費ヲ減ジ容易ニ利便ヲ得ルコトガ出来ルノデアルマス。

古人ノ格言ニ天之時地之利人之和トイフコトガアルガ、今此ヲ当地ノ実際ニ就テ観察ストル《（ママ）》天ノ時トイフ事ハ如何トモ致シ方ガナイガ、当地ハ地ノ利トイフコトハ或意味ニ於テ確ニ之ヲ得テ居ルノデアル。而シテ此地ノ利トイフコトハ其丈ケデハ未ダ充分トハイハレナイ。人力ヲ以テ之ヲ助ケ之ヲ利用スベキデアツテ、之ニハ人ノ和トイフコトガ必要トナツテ来ルノデアリマス。自分ノ考通リニナラネバ何ニモ知ラヌトイフ様ナコトデハイカヌ。互ニ譲リ合ヒ、互ニ助ケ合ヒ、目的ニ向ツテ努力スルトイフコトデナケレバイケナイノデアリマス。此ハ何ノ仕事ヲスルニモ同様デアルガ、本会ノ如キハ当地ノ景勝ヲ利用シ之を基本トシ、地方ノ発展ヲ図ラウトイフノデアルカラ、会員ハ一層ノ心掛ガ肝要デアラウト思フノデアリマス。

私ハ数年前外国ニ遊ビ「アメリカ」ノ「ボストン」ヘ立寄ツタコトガアル。此地ノ模様ハ二十幾年前ニ見タトキトハ全ク面目ヲ改メテ居ツタノデアルガ、就中最モ面白ク感シタノハ、同地ニ於ケル公園ノ設備ノ余程能ク行届イテ居ツタコトデアル。其一端ヲ御話シテ見ルト、公園ハ大キナ池ヲ中央ニシ其周囲ニ経営セラレテ居ルノデアルガ、其地域ノ広大ナルコトハ馬車デ一日中園内ヲ馳廻テモ歩キ尽スコトガ出来ナイ程デアル。一体欧米ノ都市デハ市街ノ建築ハ総テ練瓦造デアルカラ此中ニ住ンデ居ルモノハ恰モ温室ノ内ニ居ルト同様デアルカラ、公園トイフモノヽ難有サヲ最モ深ク感スルノデアル。ソコデ何人デモ公園ニ行ケバ五、六銭ヲ費シ自由ニ其中ヲ歩キ愉快ニ一日ヲ過スコトガ出来ルノデアル。「ボストン」デハ一定ノ方針ヲ定メテ公園ノ中ニ家屋ヲ建築スルコトヲ許シテ居ルノデアルガ、其家々ノ周囲ニハ我邦ニ於ケルガ如キ墻壁トイフ様ナ物ハナク、家ノ前ニハ納涼台ノ様ナモノガ備ヘテアリ、各戸皆競フテ園内ノ美観ヲ保ツトイフコトニ全力ヲ注イデ居ルノデアリマス。此ハ只私ノ見タ一例ヲ御話シタノデアルガ、本会ノ如キモ斯様ナ心持デ事ニ当ツタナラバ決シテ成効シナイコトハアルマイト思フ。此上私ノ希望致シ度イノハ、斯様ニ外形上ノ美観ヲ維持スルトイフコトモ必要デアルガ、サウ物質的方面ノコトバカリデナク、更ニ進ンデ精神的方面則チ地方ノ美風良俗ヲ興ストイフコトニモ努力シテ頂キ度イノデアル。則チ風致ノ保存ト共ニ風紀トイフ方面ニ向ツテモ其特徴ヲ発揮シ、風致風紀共ニ其美ヲ保タヒ度イト私ハ考ヘテ居ルノデアリマス。

序ニ今一ツ私ノ希望スルノハ、衛生上ニ関スル公共思想ノ進歩トイフコト、則チ猫ヤ鼠ノ死体ノ始末、下水、溝梁ノ掃除トイフガ如キ衛生上諸般ノ点ニ関シテモ、皆サンノ注意ガ行届ク様ニナタ《マヽ》ナラバ誠ニ結構ナ事デアラウト思フノデアリマス。又地方ニ結核病ノ多イトイフ事モ退ケ得ラレルモノヲ退ケズニ居ルノデハアルマイカ、此等モ御互ニ一致協力シテ予防ノ事ニ当レハ、相当ノ成績ヲ挙ゲ得ラレヌ事ハナイト私ハ思フ。元ヨリ費用ヲ要スルコトデアルケレドモ、方法ノ如何ニ依ツテハ金ハナクトモ為シ得ルノデアルカラ、斯ウイフ方面ニ向ツテモ皆サンノ御研究ヲ願イタイノデアリマス。

熱心ノ余リニ有リ触レタ事ヲ長々ト申上ゲ甚ダ御退屈デアツタラウト思ヒマス。彼ノ庭前ノ桜樹モ之ヲ植付ケタ時ハ実ニ微々タルモノデアツタケレド、今ハ斯様ニ立派ニナツテ爛漫タル花ヲ見ルコトガ出来ル様ニナツテ居ルノデアル。本会モ将来充分ノ成績ヲ挙ゲ美ハシキ花ヲ咲カス様ニ皆サンノ御尽力ヲ希望致シ度イノデアリマス。

吉川重吉発信書簡

井上馨宛　吉川重吉書簡

1　明治21年12月1日　*

昨年末来、地方御旅行其他朝野に在て御進退之事等新聞紙上及他人之談しに因り受賜居候へ共、真に御無沙汰に打過き奥様御不快之節も御見舞も不申上、亦再ひ御入閣之時御祝を怠り多罪恐縮の至に御坐候。然し無音に打過候は決して去る十七年之冬より御厚意を蒙り候を忘れ、又は深き御主意お了解致さゞるにては無之、今に至れは已に二年前元春祭礼之節御談しに相成候儀等に付ても言語には著はさず共心中には存し居る一端を表はさんが為過日写真一枚を呈送し裏面に記するに四郎五郎両君并愚生之生〔姓〕名及十一月之日附を以てし居るに付御落手可被下候。此写真は去る十月中見舞方々英国へ旅行仕候節写せし物にて其の時之模様は委細柏翁之許迄報知致置候に付、已に御承知之事と存候。其外勝之助君及園田領事より時に御報告有之候間、愚生より一言を添るに不及候へ共、過般両所に参り比較せし有様を申上度候。英独両国は風俗之異なるに従ひ異なる Influence の其住居人に与るは自然之勢にて、又両国之内にても住居する場所に従ひ大に Infuence を異にするに付、四郎五郎両運住居所を比較したる様子を御通知申候。扨一口に申せは両所共田舎之和尚之宅にて四郎君之方は伯林を去る事汽車にて二時間余なるマダデブルグより復二時間なる「ハルベルスト」に至り其より馬車にて二時半計にて達すべき小村にて、大都府に遠きに従ひ其利害得失ともに無之四郎君之今日之学問には至極適当之所にて博く大世界を見るは他日に譲り只今は如此不自由之所に満足し居れるは最も幸之事と存候。五郎君之方は「ロントン」より一時間之所にて他之日本人と会する便利も好く大都府之益を取る便は十分有之、只其失を学はざる様注意を要すると存候。教師は両方とも学問上而已ならず万事に世話を致し満足之人柄を存候。右は先つ御参考に供し御賢訓を奉願候。

当地之方にては勝之助君御夫婦共御壮健に付き御安心可被下候。来年は又学問上に付き色々御相談に相成候由、此は愚生より口お出に不及、光子殿は□て入校に付二ヶ月計り御面会不致候へ共、御壮健にて進歩も早き由此又御体神可被下候。次に小生儀無事に暮し居り智之不及所は兎も角も怠惰を以て今日迄之御親切を無切に致さゞる心得にて、今日四郎五郎之寸志を代表し御厚意を謝するに就ては伯之（国家之為など大なる言は了解致さず）吾々之為に御自愛あり目出度新年を向られん事を祈り御一家へ宜敷御伝声を奉願候。謹言

廿一年十二月一日　　重吉

井上伯殿

2　明治22年2月1日　＊

新年之慶祥愛度申上候。先以愈御安泰御超歳被成大慶之至に候。本年は又新聞紙上にて御多事之由奉察候。次に小生儀無事に勤務致居候間御休神可被下候。過日青木次官より之伝言に因れは同次官には兼て斎藤氏より御聞及と存候小生退職之儀に同意被為候由、就ては当便を以て委細同次官へ申越し又閣下之御承諾無之ては進退難致旨申置候・因て此儀に付て森脇之内御相談に罷出、然ば御多忙之節恐入候へ共、何卒可然御教訓被下度奉願上候。

当地にて勝之助君御夫婦も御無事に御勉強にて於光さんも不相変進歩も早き御様子なれは御安心可被下候。四郎、五郎両君も続て勤学致し被居るゝ由にて候。

先は用件而已余は後便へ嚢〔譲〕り置候。何卒奥様及ひ御一家へ宜敷御伝声願上候。草々拝具

明治廿二年二月一日　　吉川重吉

農商務大臣井上馨殿

「封筒表」大日本東京　農商務大臣井上馨殿　親展

「裏」在伯林　吉川重吉

3　明治22年9月10日　＊

其後は意外之御無音に打過実に申訳御坐なく候。当年は東京も時候不純之由承り候処、益御清康御起居

可被成と奉恭賀候。勝之助殿御夫婦并に光子殿も過般南独逸、瑞西地方御遊覧に相成、御帰伯後は至て御健然に付御休神可被成候。藤田氏も転仕後引続、勤勉にて目下西園寺公使随行にて白耳義へ旅行中に御坐候。伊藤勇吉君之病気は真に気毒之至に候へ共、幸に早々帰朝被致候に付、遠からず全快に可趣と切望致候。就ては同居なりし四郎君之儀に付勝之助殿も色々御心配にて医者とも御相談に相成候処、病気は決して風土之悪きより生せしにては無之と之説には候へ共、為念四郎君は転居之取計に可相成候と承居候。五郎君事当夏 Hastings 之学校へ入学と相成満足勤学之由に候。下に小生一身上之事に付色々御懇諭被下候旨難有拝読仕候。不相変身勝手計り申上御多忙之節御心配を掛候而已真に申訳無之候。小生辞職之一条に付御尽力被下候段奉拝謝候。又書物上之学問にては不充分云々之趣き篤と了承仕候。小生事甚 unpractical 之性質に御坐候間其辺は最注意致居候へ共亦書物上之学問にも同時に乏き方に御坐候間、今両三年は修業致度存候。然るに公使館へ勤務中にては充分之勉強も出来ず又勉強方へ心を入候へは交際上之務を尽し兼候事情にも有之遂に此様決定仕候次第にて候。小生婚姻之儀に付ては已に先便を以て御回答仕、尚斎藤氏へ之返事中委細之事情を認置候間、已に御承知之事と存候。先は御回答御礼迄。如此御坐候。再拝謹白

明治廿二年九月十日　重吉

井上馨様玉机下

追啓　奥様へ宜敷御伝声可被下候。尚又時下残暑之節に候へは折角御自愛専一奉存候・

4　明治25年1月25日　＊

謹啓

寒気之候に相成候処益御健然御消光被遊候段奉賀候。野生儀も引続入院にて年頭之御祝詞も欠き万事失礼に打過候段偏に御寛容願上候。扨過日田嶋来訪致し同人身上に付種々御懇切之御話し有之候由申し候。其儀即高輪関係之一件は同人に取候へは大に名誉之事に有之亦同人も御親切之段深く感謝仕居候へ共将来に対し掛念之事も不尠候旨陳述致候。小生も大に同感を包候事有之候間差出とは存候へ共、此一件は容易に御取極無之様願度、尤御賢慮に出候事に付、違は有之間敷と存候へ共、何分将来に関係多き事に付聊愚考を述掛念有之候儀を申上度、先は用件而已。如此御坐候。草々頓首

明治廿五年一月廿一日　　重吉

井上伯様

二白　御序之節奥様へ宜敷御伝声願上候也。

「封筒表」府下麻布区鳥居坂　伯爵井上馨殿　親展

「裏」神田区駿河台東紅梅町七番地　吉川重吉

5　明治28年5月10日　＊

尊書拝読仕候。御来示之如く春暖之候に相成候処、益御勇健御勉励之段恭賀候。昨今之時勢は変遷の定

りなく我々の如き事情に不通者迄も心配之至に御坐候。新聞上にて承り候は朝鮮の模様も不相渝に乱麻之如く積弊陰謀等実に驚入候。然るに御尽力に依り改革も追々其途に就き両国之幸福此上もなき事と存候。又此局を全くするは閣下之御一身に存候故差出ケ間敷候へ共御自愛之程偏に奉祈候。御玉翰之趣によれは私事も渡韓仕候は後学とも可相成との事に御坐候。又私事兼てより其宿望御坐候へ共、当今は小々事情有之何分にも思立兼候。若し其時機を得候は当時之如き好時候に候ずとも厳寒極暑之節たりとも御見舞に参上致候も難計候。五郎様之儀に付き御申越之事了承仕候。該件に付ては過般在倫敦の加藤よりも報告有之杉子より委細御通知有之候事に付き夫にて御承知願上候。昨年広嶋にて御分袖以後愈非常之時節と相成候に付き御高話を承り度き事柄多々有之候へ共、何れ拝顔之節を相待候。猶又御自愛之程幾重にも奉希望候。敬具

明治廿八年五月十日　　重吉

井上様

二白　愚妻よりも宜敷申上呉候様申出候。

三島弥太郎宛吉川重吉書簡

6　大正3年6月19日　＊

拝啓　梅雨之候益御安恭奉賀候。陳者此度印度地方に相赴候に付ては御暇乞旁参趨可仕奉存候処、出発前意外に多忙罷在終に欠礼申上候。不在中御用を欠き不本意に奉存候へ共何卒宜御願申上候、いつれ帰朝之上万縷可奉得貴意候。其中天時折角御自愛奉願上候。匆々拝具

大正三年六月十九日　吉川重吉

三島子爵殿

「封筒表」東京市千駄ヶ谷町七六二一　子爵三島弥太郎殿　御直披
「裏」男爵吉川重吉

7　大正4年3月12日

拝啓　先日御来訪被下節は病中何の御風情もなく甚失礼申上候。陳は例之一件に付、首相よりの御談話は程克く御断被成下候由、御厚意奉深謝候。御面会仕候翌日急に思立て箱根湯本迄旅行を試候処、忽患部の腫を増し同夜は発熱致候次第にて、翌朝早々富士屋の自働車を借り大磯へ帰臥致候。自分なから其不甲斐なささに呆れ申候。帰来大に快方に向候に付、十五日頃は帰京致度存居候へ共、当分は余り活動

も出来間敷と困り入り居候。先は不取敢御礼申上度長々と病気之事陳立候段、平に御海容奉願上候。草々頓首

三月十一日　　吉川重吉

三島子爵殿

「封筒表」東京豊多摩郡千駄ヶ谷　子爵三島弥太郎殿　親展

「裏」相州大磯七者林　吉川重吉

消印4、3、12

【解説】『故男爵吉川重吉卿自叙伝』

福岡大学非常勤講師
内山　一幸

本書は、明治から大正初期にかけて貴族院議員として活躍した吉川重吉の執筆による自叙伝と、同人に関連する史料を集録したものである。ここでは自叙伝の内容を補いつつ同人の履歴を紹介し、さらに集録史料の説明を行う。

一　吉川家と吉川重吉について

吉川家は鎌倉時代初期、駿河国吉河荘の御家人だった吉川経義より興ったといわれる。戦国期に当家を継いだ毛利元就の二男元春が、毛利家を助けてその名を顕した。その後を継いだ広家は関ヶ原の合戦後、周防国岩国六万石余を毛利家より分与されたが、吉川家は同家の家臣として扱われていく。しかし、吉川家の歴代当主は代毎に江戸に参府して将軍に謁見することができ、一般の陪臣と異なる処遇を受ける。そのため、明治維新の際に当主であった経幹は諸侯に列せられた。経幹の後を継いだ経健は戊辰戦争などの功績により、明治二年に賞典禄五千石を与えられる。そして華族令により明治十七年七月八日に男爵を授けられ、同二十四年四月二十三日に維新の功績により子爵に陞爵した。

本書に収録した自叙伝の著者である吉川重吉は、この経健の弟にあたる。重吉は経幹の三男として安政六年十二月二十四日に岩国の仙鳥館にて生まれる。明治四年に十三歳で岩倉遣欧使節団に同行し、アメリカへ留学した。家令の下連城の書簡*1によれば、この留学は、木戸孝允や山田顕義らから勧められたのが契機となったようである。もっとも自叙伝にあるように当初の留学先はイギリスであった。この点は吉川経健が東京府に提出した文書でも裏付けられる。東京府より重吉に同行する旧岩国藩士の田中貞吉と土屋静軒の二人の費用について尋ねられた際の回答書には、一行がイギリスのロンドンへ留学すること、そして田中と土屋の留学費用として一ヶ年につきそれぞれ千ドルを経健の家禄から出したことが記される*2。自叙伝には留学先をイギリスからアメリカへ変更した理由を予期せぬ長期滞在によって費用の問題が生じたとしているが、その長期滞在ももとをただせば使節団がアメリカと条約改正交渉の開始に手間取ったためであろう。

重吉は明治九年に一時帰国した以外はハーバード大学を卒業するまでアメリカで暮らすことになる。二度目の渡航には中原儀三郎なる人物が同行しており、重吉の様子については同人から下連城へ宛てた多数の書簡が岩国徴古館に残されている*3。アメリカ留学の様子や、帰国後におけるハーバード大との関係については小川原氏の解説に譲りたい。

重吉は、明治十六年七月に大学を卒業してからヨーロッパを歴訪し、同年十二月に帰国した。同人の帰国後の履歴を特徴づけるなら、外交官、貴族院議員、岩国の名士の三点に集約されよう。

明治十七年九月に重吉は外務省に入省した。自叙伝には、外務卿であった井上馨の熱心な勧誘があったとある。重吉の留学経験と語学能力を買われての登用であったと思われるが、井上が重吉を知るようになった契機については判然としない。自叙伝にもあるように、また後述もするが、井上は吉川家の家政の発展に対してしばしば力を尽くしている。そうした立場から重吉の就職先を世話したという見方もできるが、このあたりについては後考を俟ちたい。

外務省へ入省してしばらくは公信局や翻訳局など日本国内で勤務していた。しかし、明治二十年四月にドイツのベルリン公使館へ書記官として赴任する。この地ではドイツ語の修得に励み、ついにはドイツ南西部のハイデルベルク大学へ留学することにし、外務省を辞した。なお、吉川重吉発信書簡の項でも触れるが、この頃、重吉はドイツ人女性と結婚するか悩んでいたようである。

次に貴族院議員としての吉川重吉について見ていこう*[4]。重吉はドイツから帰国して、明治二十四年十一月二十一日に男爵となった。授爵の理由は父経幹の維新における功績によるものである。男爵となった重吉は、同二十六年六月に男爵議員補欠選挙で当選を果たす。この時、貴族院の有力団体である研究会から推されていたことは当時の新聞でも確認できる*[5]。その後、重吉は研究会の領袖として貴族院へ活動の場を広げ、特に男爵議員の取り纏めに一役買うこととなる。

明治期の貴族院については、是々非々主義の標榜と、露骨な党派的活動の忌避という建前は維持されつつも、その水面下では多数派工作が活発に行われていたことが指摘される。特に子爵議員を中心とする研究会と官僚出身者たちが集まった幸倶楽部の二派は他のグループを圧倒していた。しかし、日清・日露戦争での有功者に対して大量授爵が行われた結果、男爵の人数が一挙に増え、男爵議員数も急速に増加した。これにより従来の研究会および幸倶楽部の相対的な優位が揺らぎはじめる。研究会と幸倶楽部は男爵議員選挙の主導権を握ろうとしたが、明治三十四年六月に実施された男爵議員補欠選挙においては千家尊福を中心とする木曜会（選挙団体としては二七会）が主導権を握ることとなった。この二七会に対抗する形で結成されたのが男爵議員選挙団体の協同会である。協同会や同会に連なる勢力は、寺内正毅を通じて陸軍軍人男爵を取り込み、さらには千家の借金問題を突くことで二七会を切り崩すことに成功し、明治四十三年以降の貴族院男爵議員補欠選挙を優位に進めていった。

重吉は研究会からただ一人この協同会の幹部に名を連ねていた。さらに亡くなる前年の大正三年に第二次大隈内閣が組閣された際には、内務大臣として入閣の打診があった。この打診は大隈内閣の貴族院対策という側面があったと言われる。重吉はこの申し出を辞退したが、それだけ貴族院内における同人の政治的比重が高まっていたことを示していよう。

最後に旧藩領である岩国との関係について見ていく。重吉は東京に住居を構えていたが、たびたび岩国の地を訪れ、同地において様々な事業に関与した。その一つが明治十七年十一月に設立された育英組織である防長教育会*6である。同会の資金募集のため、毛利宗家とその末家の当主ないしその嗣子が揃って山口県を訪れるなか、吉川家は当主の経健ではなく重吉が彼らに同行した。一行が山口中学校を視察した際には、重吉も演説を行っている。重吉はその後も同会の商議員に選出されるなど、吉川家を代表する役目を担っている。吉川経健は、明治二十四年十二月に東京から岩国へ移住するが、同人は公的な場に出る機会は少なく、重吉が経健の名代として各所へ出向いていた。

また、重吉は岩国においては義済堂*7との関係も深かった。義済堂はもとの名を義成堂といい、明治六年に大阪で吉川家の貸付金の整理・回収業務や産紙の取扱などを営む商社として創業した。その後、明治八年に吉川家の別局となり、義済堂と改称した。その後、徐々に織維業に比重を置くようになり、明治三十二年九月三十日に従来の吉川家別局という形態を止め、翌日より合資会社となった。吉川重吉と義済堂との関係において注目すべきは、合資会社になった際に資本金一五万円のうち同人が七万円を引き受けている点である。

明治三十九年三月に吉川重吉は、義済堂社長太田瀧熊とともに欧米へ視察に出発した。この視察には藤岡市助（東京電気株式会社社長）、内坂素夫（同社技師）、瀬川秀雄（学習院教授）、佐伯勝太郎（大蔵省印刷局技師）といった岩国出身者たちも同行している。瀬川によれば、重吉がパリで一人で外出している折に、太田によく似た人物が前を歩いていたので、驚かせてみようとその人物の肩を手にしていたステッキで軽くつついた。しかし、振り返った人物は太田ではなく見知らぬフランス人であり、重吉はその人物に怒られてしまったという*8。重吉の性格や普段の行動がうかがい知れる興味深い挿話であろう。

重吉は岩国と東京を繋ぐ活動も行っている。当時、高等教育を受けようとする学生たちの多くは東京へ進学した。そのような岩国出身の上京遊学生たちのために、重吉は寄宿舎を設けるよう周囲に働きかけた。その結果、明治三十五年に神田区駿河台東紅梅町にあった吉川子爵家邸内の家屋を彼らのための寄宿舎とした。場所や建物の形状は異なるが、これが今日にも残る岩陽学舎の原点である。その後、明治三十九年に欧米を視察の途中、イギリスでイートン校を見学した際に、重吉はその寄宿舎制度に感銘を受けた。そして、帰国後に新たな岩陽学舎を西洋式で建てさせたという＊9。総じて重吉は岩国の名士と呼べる存在であるが、その働きぶりは吉川本家と岩国という地域社会との間を結びつけていた人物と評してもよいように思われる。

吉川重吉は大正四年十二月二十七日に五十七歳で死去した。吉川家歴代当主の墓所は岩国市の洞泉寺にあるが、重吉は東京の谷中霊園に葬られた。重吉の墓前にある六基の灯籠のうち、二基は合資会社義済堂から、二基は研究会から寄進されたものである。重吉と両団体の生前における深い繋がりが偲ばれよう。

二　史料の解説

『故男爵吉川重吉卿自叙伝』について

吉川重吉に関する伝記的な研究は皆無であり、同人について記された伝記に類する刊行物も今のところ『故男爵吉川重吉卿自叙伝』しか確認されていない。「田健治郎日記」大正五年六月二十一日には「故吉川重吉男に関する逸話等草稿に朱批訂正し、同男邸の歴史編纂所内松田義雄に之れを返送す」＊10とあるが、田が執筆した草稿の内容がその後、刊行されたかは不明である。

『故男爵吉川重吉卿自叙伝』は、内田英二氏によって慶應義塾幼稚舎発行の『仔馬』第十六巻第四号（一九六四年）に復刻されたことがある。内容は、内田氏による復刻の経緯を記した「故男爵吉川卿自叙伝を再録するにあたって」が一頁、それに続いて自叙伝の和文の全文掲載（図面も含む）が三四頁、末尾に重吉の娘岩田幸子氏による「父のおもかげ」の四頁から構成される＊11。内田氏は自叙伝そのものの書誌情報や作成過程などについては触れていない。よって、ここではこれらの点について詳述しておきたい。

『故男爵吉川重吉卿自叙伝』は確認できる限りでは、四種類が存在する。書誌情報をまとめておくと、次の通りになる。

①B五判の和装本（洋紙を使用）。本文は和文七五頁。大正六年三月十二日印刷、同月十五日発行。編輯兼発行者は井原豊。印刷所は同労舎。

②B五判の洋装本と思われるもの＊12。本文は英文四七頁。大正六年四月二十七日印刷、四月三十日発行。編輯兼発行者は井原豊。印刷所は株式会社東京築地活版製造所。

③B六判の洋装本。本文は英文五九頁。大正六年十二月三十日印刷、大正七年一月三日発行。編輯兼発行者は井原豊。印刷所は株式会社東京築地活版製造所。

④B六判の洋装本。本文八七頁、年譜略一八頁、英文五九頁、英文目次二頁。大正十四年九月十五日印刷、同月十八日発行。編輯兼発行者は井原豊。印刷所は株式会社秀英舎。

内容について四冊の違いをまとめると、

①は和文のみである。また、本文の前に翻訳を行った大塚武松の序文がある。巻頭に重吉の肖像写真が五点と自叙伝の原文の写真が一点ある。
②は英文のみである。写真は①に準じる。
③は英文のみである。ただし、大塚の序文はない。写真は①に掲載のうち肖像写真一点を欠く。
④は①と②を足した内容になっており、写真については③に準じる。ただし、①の大塚の序文はない。また、①②③にはない重吉の年譜略がある。
①のみに掲載される大塚の序文には同書刊行の理由が記されている。よってその全文を引用しておこう。

本書ハ卿ガ嘗テ英文ヲ以テ叙述シ深ク筐底ニ蔵メ置カレシヲ頃日発見セラレタルモノナリトス、偶々武松御委嘱ヲ蒙リテ卿ノ御履歴編輯ニ従事セルヲ以テ本書翻訳ノ事ヲモ併セ命ゼラルルニ至レリ、謹デ按ズルニ、其慈訓ノ深慮剴切ニシテ其文章ノ流麗暢達ナル、武松ノ浅学不文ヲ以テシテ焉ンゾ能ク其原意ヲ発揮シ其原文ニ髣髴タラシムルコトヲ得ンヤ、是ヲ以テ専心一意、唯原文ニ忠実ニシテ苟モ錯誤ナカランコトヲ念トシ、行文ハ頗ル生硬ナレドモ敢テ修飾ヲ加ヘズ而シテ纔ニ稿ヲ脱スルヲ得タリ、幸ニ一二先輩ノ批正ヲ経タルハ武松ノ意ヲ安ズルニ足ル所トス
今本書ヲ謄写ニ代ヘ印刷ニ附セラルルニ方リ、聊カ其顛末ヲ述ブト云爾
大正六年三月　　　大塚武松　　　謹識

このように重吉の自叙伝は本来は英文で記されていたことがわかる。実際に重吉は、英文で記した理

由を自叙伝に「予に在りて尤も書き下し易き用語なるを以て之を択びたるに外ならず」と述べている。本ブックレットでは英文が重吉のオリジナルの原稿であるという点も看過できないと考え、④を定本とした。

大塚の序文によると、この英文の自叙伝は「頃日発見」されたという。これは重吉の存命中ではなく、同人の死後、遺品整理が行われた際に見つかったと解するのが妥当であろう。吉川史料館所蔵の「役員録　甲」によれば、大塚は重吉の死後間もない大正五年二月に「重吉公略伝編纂係主任」に嘱託されている。したがって実際に翻訳が行われたのはこれ以降のことと推測される。さらに、大塚の序文や彼の肩書きから、当初は吉川家内で重吉の「履歴」ないし「略伝」の編纂が計画されていたことがわかる。しかし、本書に収めた年譜略がその成果かは判然としない。また、この計画がどの時点で変更され、自叙伝の出版に繋がったかも現時点では不明である。大正五年の吉川家岩国邸の「日記」によれば、十二月十六日には「重吉公御自叙伝用達所へ備付、色々御教訓ノ点モ有之ニ付、家人随時拝覧ヲ許サル」ことになったという。この時点までに自叙伝の和文はほぼ完成したと見てよいだろう。なお、重吉の執筆による英文の原本の所在は現在のところ不明である。

次に問題となるのが、重吉自身がいつ本書（英文）を執筆したかという点である。自叙伝の「資産に就いて」の項に、吉川家の基金について「本年（明治三十八年）」という表記がある。以下に述べる二つの理由からこれを執筆年と見なせると編者は考える。

第一は、この年次が、自叙伝に記される年次の明確な事実と矛盾が見出せないという点である。例えば、「毛利公爵家との関係」の項において、「前公爵（忠愛公）」という表記がある。「忠愛公」は毛利元徳の号であり、同人は明治二十九年十二月二十三日に亡くなっている。他方で執筆時期の下限を示唆する事実としては、井上馨の爵位が手がかりとなる。井上は明治四十年九月二十一日に侯爵に陞るが、自叙伝では同人の爵位は伯爵となっている。したがって、遅くとも本書はこれより以前に執筆されたことがわかる。

第二は、本書が誰に対して書かれたのかという観点から眺めた場合、この明治三十八年であっても問題は生じないためである。本書は自叙伝と銘打たれているが、その内容は自身の体験を踏まえつつ、子どもの教育のあり方を説き起こすというものである（これも本書の特徴の一つと言えよう）。しばしば「爾等」と呼びかけているように、重吉は自分の子どもたちに教育のあり方を伝えようとしている。また、外務省時代の「教訓」の項では、「爾等特に男児等」とあるように、男子たちに強く呼びかける部分がある。重吉の長男元光は明治二十七年十一月十二日に、次男の重国は同三十六年二月九日に生まれている。ここでの「男児等」は当然、次男も含めたものであろう。

この明治三十八年という執筆時期が正しいとすれば、ではなぜこの時期に自叙伝が執筆されたのかという新たな疑問が生じる。この点は想像の域を出ないが、当時の重吉が置かれていた状況から推し量ると、次のような理由からではなかろうか。吉川経健には男子がいなかったため、吉川本家は早晩、養子をとらなければならなかった。その際に吉川家の家憲第九条にある「血統最近キ」男子である重吉の子息たちは、養子の最上位の候補であった。また、本家を継がなくとも吉川男爵家の当主となった者は、重吉自身がそうであったように、今後も吉川本家をどのように盛り立てていくかという課題を抱えていくこととなる。そのようななかで、明治三十八年当時、二人目の男子である重国も無事に生育中であり、重吉のもとには吉川本家と吉川男爵家の後継者が揃ったことになる。そこで重吉は両吉川家の将来を子どもたちに託すために教訓めいた自叙伝の執筆をはじめたのではなかろうか。

次に翻訳者である大塚武松について説明しておこう。大塚武松（一八七八〜一九四六）は、旧岩国藩士大塚慊三郎の長男として岩国に生まれた*13。武松は明治三十六年に東京帝国大学文科大学史学科を卒業し、外務省や帝国大学史料編纂掛で幕末外交文書の編纂に携わる。その後、明治四十四年に維新史料編纂会が組織された際に編纂官となる。こうした履歴から、英文を解し、歴史にも通じていた岩国出身の武松は自叙伝の翻訳者として適任であったと考えられる。さらに言えば、武松の父慊三郎はこの時、吉川家の家令であった。先に見た「役員録　甲」によれば、武松は大正三年十月に「東京温知会ニ対スル当家代表之件」ならびに「有恪公（吉川経幹）御事歴調査編纂之件」について嘱託を受けたこともあった。慊三郎としては既に吉川家の仕事を武松に依頼したことがあったため、公私の別という心理的な障壁も低かったと察せられる*14。

最後に本書の史料的価値について述べておきたい。幕末における大名屋敷内の日常的な様子や留学先での教育模様など、重吉によって素朴に語られる事実それ自体に興味が尽きないところである。ただ、それ以上に興味深いのは次の点であろう。これまでにも述べてきたが、吉川重吉は大名家に生まれ、青少年時代をアメリカ社会に浸かって過ごしてから帰国した。そのような特異な経歴を有する人物の目を通したとき、明治期の社会や制度がどのように映し出されていたのかをこの自叙伝から読み取ることが可能である。例えば、自叙伝によれば、重吉は大名華族の旧藩領への移住策について、社会秩序の安定という理由から支持している。管見の限りでは、明治十年代に大名華族の地方への移住策が旧藩主家のなかから生じる場合、その理由は金銭面にあるように思える。重吉のような考え方は海外を見聞したからこそ導かれるものであろう*15。

このほかにも本自叙伝については多様な読み方が可能であると思われる。研究者に限らず多くの読者に読まれることを祈念して、自叙伝の解説についてはひとまずここで擱筆したい。

吉川家家憲

吉川重吉は自叙伝の後半部において吉川本家の家憲作成に携わったことを述べている。念のために確認しておくと、ここで言う家憲とは、理念的な内容を記した家訓ではなく、家の存続のために家政の基本的な仕組みを記したものを指す。もう少し具体的に述べると、この家憲には家の当主の婚姻や家督相続のあり方や、旧藩出身の有力者によって家の重要な案件を審議する家政会などの規則が記される。旧藩主家の家憲については、これまで若干の翻刻がなされている*16が、吉川家のものは未発表であるため本書に収録した。

自叙伝にも言及されているように、重吉自身は早くから家憲の作成を考えていたようであるが、実際に吉川家での家憲の作成は、毛利宗家の家憲作成に触発されてのことであった。毛利宗家の家憲は明治二十三年十二月十五日に発表された＊17。同家の家憲の冒頭には当主の毛利元徳の名前で「家憲ヲ定ムル旨意」があり、それに続いて全十一章六十五条の条文が記される。そして、末尾に毛利家の一族である長府の毛利元敏、徳山の毛利元功、清末の毛利元忠、そして吉川経健の署名がある。

毛利宗家に続き、長府毛利家が明治二十四年三月二十二日に十章五十八条の家憲を、徳山毛利家が明治二十四年十月二十七日に十一章五十六条の家憲を、清末毛利家が明治二十四年に十一章五十八条の家憲を、それぞれ発表している。この間の明治二十四年十月二十五日には毛利宗家の東京邸において、宗家ならびに末家の当主、吉川重吉に井上馨らを交えて「各家御家憲上之義ニ付、御相談会」が開催されている＊18。

吉川家での実際の家憲作成をめぐる動きについては、管見の限りで明治二十四年までは確認できなかった。吉川史料館に所蔵される「日記」中では、東京邸で明治二十五年六月二十日に家従の遠藤平七郎が毛利家へ家憲の用紙について問い合わせに出向いたのが初見である。また、二日後には家従の新庄紹一が「印刷局」へ同じく家憲の用紙の件で出向いている。

岩国邸の「日記」では、明治二十五年八月二十六日が初見であるが、この時点で既に家憲の草案ができあがっている。吉川家は旧藩領の岩国に在住する人物に家憲の作成を諮問する。吉川家側は「故老」に対して家憲の草案を配り、彼らにその内容について訂正を求めた。草案を送った相手は、宮荘一、香川速、吉川十郎兵衛、佐々木亨堂、桂重華、香川雪鴻、藤田葆、吉川務、三須成懋、森脇翼、川岡清次平、安田有則の十二名である。彼らのうち、宮川、香川（速）、吉川（十）は吉川家の旧家老家の者であ

料紙	丁数	法量(縦×横・cm)	所蔵先	史料番号
罫紙(青)	20丁	25.0×17.5	吉川史料館	なし
無地	17丁	25.0×17.3	同上	なし
罫紙(黒)	18丁	27.0×19.5	同上	なし
罫紙(青)	18丁	25.0×18.1	岩国徴古館	6-3-579
罫紙(青)	18丁	28.1×20.2	同上	6-3-754
罫紙(黒)	18丁	27.6×19.7	山口県文書館	「毛利家文庫」57御什書1-35
罫紙(青)	13丁	28.0×20.3	同上	「清末毛利家」42
罫紙(黒)	18丁	27.5×19.7	同上	「清末毛利家」164

る。佐々木、桂、香川（雪）、藤田は御用人経験者、吉川（務）、三須、川岡は吉川家の家扶や相談人経験者である。安田は元陸軍歩兵少佐にして元明石郡長であり、家憲発表後に吉川家の家政協議人となった。吉川（務）や川岡も同じく家政協議人となるため、予め家憲の草案を確認してもらったと考えられる。さらに翌日八月二十七日には旧岩国藩士の都野巽＊19へも草案を送付している。

明治二十六年三月二日に、家憲の最終の草案を毛利宗家、長府毛利家、徳山毛利家、清末毛利家、小早川家（明治十二年に再興）などへ送附した。また、同月十六日には前年に送った旧臣らにも再度、送附した。この時は、清書に取りかかる二十五日までに返送するように申し添えられているため、内容の訂正よりも字句の確認を求めたと考えられる。そして、四月七日より義済堂から人員を借りて、家憲の「謄写」をはじめ、同月十七日に十七冊を完成させた。ただし、この数は写本のみか正本も含まれるかは不明である。翌十八日には家憲の正本とその写本の製本を行う。さらに「御家憲箱」を檜物屋三戸八郎と漆師冨田健一に拵えさせ、箱の金具の細工を後藤武次郎なる者へ依頼した。そして四月二十三日に「御家憲発表式」が執り行われた＊20。

現存する吉川家家憲

	表題	表紙	章数	条数	記入媒体
A	家憲	無地	13章	62条	墨書
B	家憲草案	無地	15章	62条	カーボン
C	家憲	無地	8章	50条	墨書
D	家憲	無地	8章	50条	墨書
E	家憲	無地	8章	50条	墨書
F	吉川経健家憲	無地	8章	50条	墨書
G	家憲案	無地	8章	51条	墨書
H	岩国　家憲	無地	8章	50条	墨書

さて、本書に収録した吉川家の家憲の定本について説明しておこう。今回のブックレット編纂にあたって編者は同家の家憲の収集に努めた。その結果、正本の発見にはいたらなかったが、三ヶ所の史料保存機関で写本と草案あわせて八点の現存を確認できた。これらの家憲の書誌情報は別表の通りである。

章数および条数から現存する吉川家の家憲は、十五章六十二条、十三章六十二条、八章五十一条、八章五十条の四つに分けられよう。八章五十条の家憲（C・D・E・F・H）には、前文の末尾に明治二十六年四月という家憲が発表された年月と発表者の吉川経健の名前があり、さらに末頁にも毛利宗家、長府、徳山、長府の各毛利家の当主と吉川重吉による署名がある。このC・D・E・F・Hをそれぞれ比較すると若干の写し間違いはあるものの、いずれも家憲の正本を筆写したものと推測される。

次に、残りの家憲がどの順序で作成されたか、またC・D・E・F・Hのいずれの家憲が正本に最も近い写本であるのかを検討しよう。各家憲の特徴は次の通りである。

○吉川史料館収蔵の家憲

A作成者の名や発表の年月日は記されていない。巻末に毛利家一族による連署や捺印およびそれに関する文言はない。また、罫紙銘に「明治廿四年八月廿三日　印刷人岩国町義済堂構内活版所中山攅」とある。

B朱筆と付箋による訂正がある。内容は明治二十三年に作成された毛利宗家の家憲に類似している。

C表紙に「水落」の朱印がある。この印は吉川家家職の水落直のものと思われる。

いずれも吉川史料館所蔵のものであり、史料番号などは付与されていない。これらの家憲は吉川家に伝来したと考えられる。
○岩国徴古館収蔵の家憲
D外表紙に「吉川家の家憲」、罫紙銘に「吉川家用達所」とある。内表紙に大岡昇氏より寄贈された旨が記される。

E罫紙銘に「吉川氏蔵」とある。表紙の見返しに、丹下マリ氏より昭和五十一年一月二十日に寄贈された旨が記される。

右の二つの家憲は、吉川家に伝来したものではなく、個人の所有物であったと考えられる。
○山口県文書館収蔵の家憲
F「毛利家文庫」は毛利宗家に伝来した文書群の一部であるため、この家憲は吉川家で作成され、同家へ送られたものの一つと推測される。朱書による文字の訂正が二箇所（第二十三条と第四十三条）ある。

G清末毛利家に伝来した吉川家の家憲。明治二十六年の年次を有する。罫紙銘に「吉川氏蔵」とある。一部、朱書で訂正がある。前文となる「家憲ヲ定ムルノ要旨」の末尾には年月日や発表者の名前がない。

H清末毛利家に伝来した吉川家の家憲。罫紙や各行における文字の配列はC・Fと同じである。

Gは表題が「家憲案」とあり、年次が明治二十六年であることから、家憲発表の前月に各家に送付されたものの一つと見なせよう。八章五十条の家憲と八章五十一条の家憲案を比較すると、後者の第三条(「家主ハ一身上或ハ家政上緊要ノ事件ニ付テハ必ス其役員ト熟議シ決シテ専横家政ヲ誤ル可ラス」)が全文削除され、同条以降が一条ずつ繰り上がっている。このほかに字句について若干の修正が見られる。

残るはAとBがいずれが先になるかという問題になるが、毛利宗家の家憲に内容が近い方が先になると思われる。よって右に記した家憲の作成順序は、B→A→Gの順序で作成されたと考えられる。

では八章五十条の家憲のグループ(C・D・E・F・H)のうち、いずれの家憲が原本の内容に最も近いものであろうか。五つの家憲を比較すると、DとEは送り仮名が省略されたり、旧字体が新字体に改められた字が多く、さらに、Eでは第三十四条の末文である「会議規則ハ別ニ之ヲ定ム」の部分が欠落しているなど写し方に粗雑な点が見られる。よって両者は定本にはしがたい。残るはC・F・Hの三つであるが、いずれも類似の罫紙が用いられており、各行の字数に異同もない。よってこれらの三冊は明治二十六年四月十七日に作成された可能性が高い。ただし、使用している旧字体から写本の系統はC・FとHに分けられる。例えば後者では「点」の字を使用しているところを前二者では「點」を、後者では「忘」の字を使用しているところを前二者では「忩」を使用している。逆に特定の文字について、後者では旧字体を前二者で新字体を使用している場合もある。したがって正本を「謄写」する作業の段階で少なくとも二系統の写本が生じたと思われる。本書に収録する際に家憲の翻字は新字体に統一しているため、いずれを定本としても問題はないが、吉川家に伝来した点を重視し、今回はCの家憲を定本とした。

さて、吉川家の家憲を通覧すると、同家は家の存続のために二つの方法を設けていたことが指摘できる。一つは有能な人物を家政協議人として家の意思決定の仕組みに取り込むという方法であり、もう一つは毛利家一族との相互扶助である。前者については家憲を作成した家に共通することであるが、後者についてはもう少し説明が必要であろう。

明治政府は華族たちの没落を防ぐため、彼らの血縁とは無関係にグルーピングした宗族制を創出した。同じ宗族下にある家は相互に監視と扶助し合うというのがこの制度の眼目であった*21。しかし、第四十類に属する毛利宗家や長府、徳山、清末の毛利末家と、第四十四類に属する吉川家とでは宗族が異なっている*22。したがって吉川家も含めた形での毛利家一族の連帯は別の文脈で捉える必要があるだろう。そもそも全ての華族が自家の存続のためにこの宗族制に依存しようとしていたかは疑わしい。家によっては血縁関係を有さない家の内情に関与する、あるいはされることに不都合を感じていた。そのような家では旧来からの血縁を重視した形で相互扶助を行っていた。毛利家一族の結集も華族たちのそのような動きのなかで捉えるべきであろう。

そうした毛利家一族の結束を陰で支えていた人物の一人が井上馨であったと考えられる。自叙伝でも重吉は井上より庇護を受けていたことを記しているが、元来、井上は毛利宗家の家政顧問のような立場にあった。井上は明治十一年に毛利宗家の当主毛利元徳から、杉孫七郎・宍戸璣・山田顕義の三人とともに同家の家政について相談に応じるよう依頼された＊23。彼らのうち井上は毛利宗家に限らず、吉川家をも様々な形で支援している。前述した重吉の外務省への登用もその一つと思われるが、ほかにも次のような事例もある。明治二十四年十二月十六日の岩国邸の「日記」の記述によれば、吉川家の当主経健の再々婚の相手について、同家は「宗家幷ニ井上伯」へ依頼していたところ、千家尊福の妹マサ子との婚姻に至ったという。また、東京邸の「日記」には、明治二十五年一月二十六日に吉川家の家従が井上馨へ「金貨売払ニ付御指揮ヲ被ムリタル」お礼に訪れている。

さらに、井上は明治二十四年六月十四日に岩国の吉川邸を訪れた際に、「御本家、吉川、小早川御三家親睦ノ件、其他種々有益ナル御演舌」を行っている。こうしたことからもわかるように、同人は機会があれば毛利家一族の結束を促していた。右の活動の動機が、単純に旧主家である毛利家への忠誠心に基づくものなのか、それとも何らかの政治的な目論みがあったのかは現段階では明言できないが、毛利宗家や吉川家にとって同人は家政の有力な助言者であったことは間違いない＊24。さらに言えば、編者は、井上馨は、旧藩主毛利家を基軸として形成されたであろう郷党的社会集団としての長州閥のキーパーソンだったという感を抱いている。井上については今後、こうした方面からも研究が深まることを俟ちたい。

吉川講話

本史料は、大正二年九月三日に吉川重吉が吉川家岩国邸の一角にあたる水西書院での講演内容を書き起こしたものである。原文書自体はパンフレット状で、表紙に「総裁吉川男爵御講話」とあり、本文は活版で全六頁になる。今回は岩国徴古館所蔵のものを定本とした。

本文の冒頭にもあるように、講演の場は「保勝会」での集まりである。この会は岩国保勝会のことを指すと思われる*25。同会は錦帯橋の保全や景勝地の保護のために明治四十一年に設立された。活動としては、町内に桜をはじめとして観賞樹を二万本植栽したり、大正十四年に『錦帯橋沿革』を刊行したことがわかっている。昭和十年のデータとなるが、この頃までに財団法人となり、「預金者」は六百六十名を数える。また、昭和九年度の経費は年間で四、二六九円にのぼるという。

重吉が同会の目的について「当地ノ景勝ヲ利用シ之ヲ基本トシ、地方ノ発展ヲ図ラウトイフ」と述べていることからもわかるように、岩国保勝会は日露戦争以降に展開する全国各地での史蹟名勝の保全を目指す動きのなかに位置づけられる。錦帯橋を有する岩国ならではの団体とも言えよう。大正二年の時点で類似の組織は若干数しか確認されておらず*26、重吉が「我邦ニ於テハ希有」という評も決して誇張ではない。

重吉はこの講話で、風致だけでなく風紀にも気を配ること、さらには「衛生上ニ関スル公共思想」へも目を向けるよう説いている。その際に自身の外国での体験が引き合いに出されている。この講話に限らず、重吉の様々な活動を読み解く上でこの点は注意を払うべき要素であることが窺い知れよう。

吉川重吉発信書簡

重吉が発信した書簡のうち国内で現存が確認されているものは、「井上馨文書」(国立国会図書館憲政資料室所蔵)の井上馨宛書簡が五通、三島弥太郎宛書簡が三通(「三島弥太郎文書」憲政資料室所蔵が一通、三島義温氏所蔵が二通)である。今回はそれらのうち三島氏所蔵の一通を除く全てを翻刻した。なお、吉川重吉宛書簡は現存が確認されていない。

井上宛書簡のうち1から3は重吉の在独時代のものである。前節でも述べたように、吉川重吉にとって井上馨は重要な庇護者であった。これらの書簡からも両者のそうした関係を垣間見ることができる。例えば1の書簡では、井上からの「御厚意」を忘れていないことが強調される。また、2の書簡では、ベルリン公使館勤務を辞職する際に、井上の承諾を得ようとしている。3の書簡からは、その辞職について井上が尽力したことが窺える。

年譜略によれば重吉は明治二十二年十一月付でベルリン公使館を辞職しているが、2の書簡によれば、二月一日以前に辞意を青木周蔵次官に伝えている。また、「斎藤」がその話を伝えたことになっている。この人物は井上の秘書官であった斎藤修一郎であろう。斎藤は明治二十一年十月までヨーロッパを歴訪する。その際に、日本からベルリンへ送られた斎藤への帰国命令の電報をパリ滞在中の同人へ取り次いだのが吉川重吉であったという*27。両者は井上外務卿の下で朝鮮問題にも携わっており、旧知の仲であった。おそらくはこの前後に重吉は斎藤と接触したと推測される。3の書簡で重吉は結婚の件でその斎藤へ事情を述べたと記している。この件で斎藤が井上へ送った書簡*28によれば、斎藤の忠告に従い重吉は「独女ト婚姻ノ事ハ断念」したとある。なお、重吉はこのあと明治二十四年に旧大洲藩主家の加藤泰秋の二女壽賀子と結婚することになる。

1から3の書簡に頻出する井上馨の子息の勝之助は明治十九年二月より同二十五年二月まで書記官としてベルリン公使館に勤務した。また四郎と五郎はともに毛利元徳の子息である。四郎は小早川家を明治十六年五月に継ぎ、華族令で男爵となる。明治十九年二月よりドイツに留学していた。五郎は毛利五郎のことで、同人は明治二十一年五月よりイギリスに留学し、ケンブリッジ大学を卒業した。明治二十五年に分家して男爵となっている。

「毛利男爵経歴談話速記」*29によれば、毛利五郎は明治二十一年に外交官の園田孝吉との知遇を得て、同人のイギリスへの出発に付き従い、同国へ留学した。五郎はラテン語が理解できなかったため、神父のワットホードに預けられたという。1の書簡で重吉が満足の人柄と評した相手はこの人物のことではなかろうか。もっとも、ワットホードが外出すると、五郎は彼の子どもから「骨牌」（＝トランプ）の相手をせがまれ、毎晩十時までそれにつきあったという。その後、五郎は明治二十二年十月にイギリス南東部の街へイスティングスの学校に行き、同二十五年夏に卒業。明治二十六年十月よりケンブリッジ大学へ入学し、同二十八年十二月に卒業した。しかし、この間、ギリシャ語ができずに卒業が遅れたという。5の書簡における五郎の件はこの卒業の遅れのことと推察される。

4の書簡は、「高輪関係之一件」で重吉の許に相談に訪れた「田嶋」なる人物が話題となっている。高輪は毛利宗家の東京邸の所在地にあたる。「田嶋」は田島信夫のことである。同人は岩国藩士田島與次衛門（号は愛林）の子で、明治期において様々な会社の運営に携わっていた＊30。そして明治二十五年二月十八日付で毛利宗家の副財産主管者となる＊31。この書簡からは、田島を毛利宗家の役職に据えようとしたのが井上であり、その件で田島が重吉に相談に来たことがうかがえる。

5の書簡では、井上より後学のために「渡韓」を誘われたが、重吉はそれを断っている。重吉は「渡韓」を「兼てより其宿望御坐候」と記しており、外務省を退職した後も外交への関心が高かったことをうかがわせる。さらに井上の重吉に対する配慮も看取できよう。

次に三島弥太郎宛書簡について見ていく。三島は研究会の重鎮として貴族院で活躍したことはよく知られ、関連史料の多くは既に『三島弥太郎関係文書』（二〇〇二年、芙蓉書房出版）として刊行されている。もっとも同人宛吉川重吉書簡三通は翻刻されておらず、同書の「三島弥太郎関係書簡総目録」に簡潔な内容が紹介されるのみである。よって今回のブックレットにおいて翻刻を行った。

6の書簡はインドに出発前で多忙のため挨拶を欠いたことを詫びたものである。自叙伝の年譜略にもあるように、重吉は大正三年六月に同地を訪問している。当時の新聞＊32には、大磯で保養中であった重吉が、「呼吸器病療養」のため二、三週間滞在の予定で十九日に同地を出発し、二十日に神戸から出帆してインドのコロンボへ向かったとある。

7の書簡からは重吉の体調が思わしくなかった様子がうかがえ、本人のもどかしさが伝わってくる。同書簡では三島が重吉の別荘を訪れたことが記述されている。吉川家の方々のお話によれば、重吉は大磯に別荘を所有しており、最初は長者林にあったという。本書簡はこの時のものである。なお、大隈首相からの話については同書簡以外には推察する材料もないため、その内容については判然としない。

＊1 桂芳樹『下連城と三須成懋』（岩国徴古館、一九七六年）二一頁。
＊2 「諸向往復留」（東京都公文書館所蔵）。
＊3 「藩政史料」一八一九七七。
＊4 当該期の貴族院と、貴族院議員としての吉川重吉については、内藤一成『貴族院と立憲政治』（思文閣出版、二〇〇五年）による。
＊5 『読売新聞』明治二十六年五月三日。
＊6 防長教育会については、財団法人防長教育会編『防長教育会百年史』（財団法人防長教育会、一九八四年）による。
＊7 義済堂については、義済堂編『義済堂百年史』（義済堂、一九七四年）による。
＊8 瀬川秀雄編『工学博士藤岡市助伝』（工学博士藤岡市助君伝記編纂会、一九三三年）。
＊9 財団法人岩陽学舎編『財団法人岩陽学舎百周年記念誌』（財団法人岩陽学舎、二〇〇二年）。
＊10 尚友倶楽部・内藤一成編『田健治郎日記』第三巻（芙蓉書房出版、二〇一二年）。
＊11 内容は岩田幸子『笛ふき天女』（講談社、一九八六年）と重なる点が多い。
＊12 岩国市中央図書館所蔵のコピーによる複製本。
＊13 井関九郎編『現代防長人物史　天』（発展社、一九一七年）三〇六、七頁、遠山茂樹「覚書　維新史料編纂事務局と大塚武松先生について」（『横浜開港資料館研究紀要』一八、二〇〇〇年）。
＊14 武松の弟大塚有章の回想によれば、慊三郎は公私の別に厳しい人物であったという（大塚有章『未完の旅路』第一巻〈三一新書、一九六〇年〉一四七頁）。
＊15 この時期に見られる華族士着論については、柳教烈「明治憲法制定期における華族土着論」（『ヒストリア』一五三、一九九六年）を参照。

＊16　近藤斉『近世以降武家家訓の研究』（風間書房、一九七五年）、内山一幸「旧藩主家における意思決定と家憲」（『九州史学』一四六、二〇〇六年）。
＊17　「毛利家文庫」五七御什書一―三五（山口県文書館所蔵）。以下、各毛利家の家憲も同じ史料群のものを使用した。ただし、いずれも正本ではなく写本である。それゆえ巻末には各人の署名の写のみが記され、捺印はない。
＊18　「用達所日記　明治二十三年二十四年」（「毛利家文庫」一九日記六五）
＊19　都野は吉川経幹のもとで御用人となり、戊辰戦争では東北へ出征し戦功を挙げ、岩国藩時代には権大参事職を務めた。廃藩置県後は大津郡長や佐波郡長となり、明治十九年に郡長を退職した後は松尾・梅宮・貴船三神社宮司となった（日本歴史学会編『明治維新人名辞典』吉川弘文館、一九八一年）。
＊20　以上は「日簿　従明治廿六年一月至仝年十二月」（吉川史料館所蔵）による。なお、御家憲箱には鍵がかけられていた（「日記　従明治二十六年一月一日」五月十七日条）。
＊21　大久保利謙『華族制の創出』（吉川弘文館、一九九三年）。
＊22　霞会館諸家資料調査委員会編『華族制度資料集』（吉川弘文館、一九八五年）一七五、七頁。
＊23　明治十一年八月七日付井上馨宛毛利元徳書簡（「井上馨文書」国立国会図書館憲政資料室所蔵）。
＊24　この点はある時期からの重吉の姿にも重なる。同人はドイツから帰国後に毛利宗家の家政協議人となっており、なおかつ吉川本家から分家した後も同家の相談人的な立場となる。例えば重吉は吉川本家に対して「御家基本財産造成」と「国本培養ノ方法」として林業経営を行うよう助言する。その献策を容れて同家は明治三十六年に山口県玖珂郡錦町の山林を購入して林業経営に乗り出す（「木谷山林誌」吉川林産興業株式会社木谷事業所所蔵）。
＊25　岩国保勝会についての事実関係は、東京市政調査会編『日本都市年鑑　昭和十年版』（一九三四年）による。
＊26　中島直人「昭和初期における日本保勝協会の活動に関する研究」（『都市計画論文集』四一―三、二〇〇六年）。
＊27　斎藤修一郎『懐旧談』（青木大成堂、一九〇八年）一四六～九頁。
＊28　明治二十二年九月十三日付井上馨宛斎藤修一郎書簡（「井上馨文書」）。

＊29「毛利男爵経歴談話速記　大正六年四月二十四日」（「毛利家文庫」七六速記類六三―一）。同速記によれば、小早川四郎と毛利五郎は明治十九年一月頃は井上馨宅へ寄宿しており、さらに五郎は明治二十年に井上の北海道巡検に随行している。
＊30　田島家については井関九郎編『現代防長人物史　人』（発展社、一九一七年）一九六～二〇二頁。
＊31「柏村日記　明治廿四年七月廿一日ヨリ同廿五年七月ニ至ル」（「毛利家文庫」七一藩臣日記五）。
＊32『読売新聞』大正三年六月十八日。

〈付記〉解説の執筆にあたり、以下の方々に史料閲覧で便宜を賜った。記して感謝の意を表したい。

吉川史料館原田史子氏、岩国徴古館笹原智美氏、山口県文書館山﨑一郎氏、宮内庁書陵部内藤一成氏（順不同）

ハーバード大学所蔵吉川重吉書簡について——知られざる日米交流の痕跡

慶應義塾大学法学部教授
ハーバード大学客員研究員
小川原正道

一　はじめに

吉川重吉は安政六年十二月二十四日（一八六〇年一月十六日）に周防国岩国領主・吉川経幹の次男として生まれ、明治三年（一八七〇）に大学南校に入学、翌年に米国に留学し、同十六年にハーバード大学を卒業した。同年に帰朝して外務省御用掛となり、以後、外交官としてのキャリアを重ねて、明治二十四年に男爵を受爵、二十六年に貴族院議員に当選し、四十三年には大日本蚕綜会会頭、大正元年（一九一二）に宮内省宗帙寮審議官となり、同四年十二月二十七日に没している*1。この間の明治三十一年には、小村寿太郎、建築家のジェームズ・マクドナルド・ガーディナー（James McDonald Gardiner）などとともに、日本ハーバードクラブを創立した*2。

吉川はその自叙伝において、米国渡航後、「ライス、グランマー」学校に明治五年九月から八年六月まで、「チョンシー、ホール」学校に八年九月から十二年六月まで在籍した上で、十二年六月にハーバード大学の入学試験に合格、十月に入学して四年間を過ごしたが、この間を、「予の生涯中尤も光輝ある時代」であったと回顧している。大学では歴史、経済、国際法、文学、語学などを学び、十六年七月に卒業したと述べている*3。

ハーバード大学アーカイブスには、五年ごとに更新される学生・卒業生の記録が残されているが、吉川のファイルには、次のように記載されている。

Kikkawa, Chokichi
Born 24 Dec 1861《ママ》 at Iwakuni, Japan
Died at Tokyo, Japan, 28《ママ》 Dec, 1915
College 1879-80/1 1880-81/2 1881-82/3 1882-83/4
AB 1883
Date 1910 9 Higashi-kobaicho, Surugadai, Tokyo *4

この記録から、吉川が明治十二年から十六年までハーバード大学に在籍し、十六年にＡＢ（バチェラー・オブ・アーツ）、の学位を取得して卒業したこと、また、卒業後も住所や没年まで追跡されていたことが確認できる。あとで述べるように、吉川に推されてハーバード大学で教鞭をとることになった姉崎正治は、「ハーバードに於ける日本学生は、明治十年代には、小村侯爵や栗野、金子両子爵などがあるが、此等の人はその法科に入られたのであって、ハーバードでは中心と考へられて居るコレツジ即ち学芸大学を卒業したのは実に吉川男が最初である*5」と述べているが、吉川自身も、自分がハーバードでＡＢの学位を取得して卒業した最初の日本人であることを知人宛の手紙で語っており*6、管見の限り、吉川はハーバード大学の学部課程を卒業してＡＢの学位を取得した最初の日本人の一人だと思われる。

なお、これも後述する『ハーバード・グラデュエイツ・マガジン』の第二十四号は吉川が没した際の訃報記事において、そのハーバードでの学生時代について取り上げ、「彼は優秀で、興味深い個性を持ち、礼儀正しく、皆に好かれるよう努めていた。彼は、学位論文の提出を課されたクラスの中で四十七番目の成績で卒業し、英作文において、その栄誉を賞賛された」と記している*7。

さて、現在、ハーバード大学には、同大学学長を務めたアボット・ローレンス・ローウェルの記録（ハーバード大学アーカイブス所蔵、以下、ローウェル・コレクション）*8のなかに、吉川の書簡十二通が残されているほか、ホウトン図書館（Houghton Library）所蔵の「William Roscoe Thayer papers *9」に七通（以下、ウィリアム・コレクション）、同じく「Wendell family papers *10」に六通（以下、ウェンダル・コレクション）の吉川書簡が、それぞれ収められている。以下、それぞれのコレクション所収の吉川書簡の概容について紹介しておこう。

二　ローウェル・コレクション

まず、ローウェル・コレクションについてみておこう。ローウェルはチャールズ・ウィリアム・エリオット（Charles William Eliot）のあとを受けて、一九〇九年に学長に就任し、一九三三年（昭和八年）まで在任した。このコレクションは、ローウェルの大学運営に関する資料群で＊11、ここに含まれる吉川書簡は、いずれも、ローウェルの推進した日本研究講座の設置に関するものだが、全十二通に及ぶことから、主要なものと、同じファイルに収められている関係資料から判明する事実をまとめておきたい。

日露戦争後、東アジア研究の重要性を認識したローウェルは、研究支援のための資金を募り、これに応じて、ジェームズ・ウッズ（James H Woods）教授が二万ドルを日本研究に投じることを申し出て、ローウェルを喜ばせた。ウッズが一九一三年三月九日にローウェルに宛てた書簡によれば、吉川が日本ハーバードクラブとしてウッズに二万円の寄付を申し出、これにウッズが一万ドルを支出する形で、資金が構築されたようである。ウッズと吉川とは友人であった。吉川はこの三日後の三月十二日付のウッズ宛書簡で、日本ハーバードクラブのメンバーに改めて支援を要請したことを記しており、さらに同年八月四日付のローウェル宛書簡で、東京帝国大学教授で宗教学者の姉崎正治を支援することについて、多いに賛同する、としている。姉崎によれば、吉川から最初に声をかけられたのは一九一三年の三月で、思い切ってこれを受け入れたという。資金が日本人教授を招聘することに用いられることになり、姉崎にその白羽の矢が立って吉川が声をかけ、また、大学にも推薦したのであろう。かくして姉崎は、同年九月から二年間、ハーバード大学の日本文明講座の客員教授として渡米することとなったのである。姉崎に続いて、一九一五年にやはり東京帝大教授で中国哲学者の服部宇之吉が同講座の担当として渡米した際にも、吉川は仲介役として尽力し、これに関する書簡も多く残されている*12。

日露戦後、日本の国際社会において台頭し、日本脅威論を喚起していったことはよく知られているが、米国内で宗教・中国哲学といった哲学的側面から、日本を捉えようという試みがあったこと、そこに吉川が深く関与したことは、注目に値しよう。

三　ウィリアム・コレクション

次に、「ウィリアム・コレクション」だが、これは、伝記作家で歴史家であり、一八九二年から一九一五年まで『ハーバード・グラデュエイツ・マガジン』(Harvard Graduates' Magazine)の編集者を務めていたウィリアム・ロスコー・セイヤー(William Roscoe Thayer)に関する資料群で*13、ここには、同誌のエディターに宛てて吉川が送った一九〇四年九月二十四日付・二十六日付の書簡二通と、ウィリアム・セイヤー宛に送付した五通の書簡が含まれている。

最初の一九〇四年九月二十四日付の『ハーバード・グラデュエイツ・マガジン』編集者宛の書簡で、吉川はまず、日本のハーバードクラブの「Secretary」として、東京帝国大学教授で一八九五年にハーバード大学を卒業したチャールズ・サムナー・グリフィン(Charles Sumner Griffin)の訃報を伝えるとともに、その日本での業績を知らせると記し、同月二十六日の続信で、詳しいグリフィンの略歴と業績を紹介している。翌年一月二十日からは宛先がセイヤーに特定されているが、書簡冒頭に「ご丁寧なお手紙ありがとうございます」とあることから、編集者だったセイヤーが前年の書簡に返信をしたことから、セイヤー宛に書簡を送ったものと思われる。ここでは、グリフィンについての続報を伝えるとともに、「日本におけるハーバード関係者が増え、その影響力も拡大していくこと」に喜びを感じると記している。初期ハーバード卒業生としての自負を込めた発言であろう。その後も二人の交際は続き、一九〇六年五月十日付のセイヤー宛書簡では、ハーバード大学のあるマサチューセッツ州ケンブリッジの様子を知らせてくれて嬉しいと述べ、一九一〇年十月八日付セイヤー宛書簡でも、前月に開かれた何らかの会合にセイヤーから招待されたものの、郵便の遅延で間に合わなかったことなどが記され、日本国内のハーバード卒業生についてはなるべく早く知らせるとした上で、南満州鉄道の経営を巡る日米間の意見の相違を意識してであろうか、「私は、日本がアメリカと友好的な関係を築きはじめる国家となると信じている」と記している。本コレクション中最後のセイヤー宛書簡となって翌年十二月十三日付は、前月二十六日に死去したハーバード大学卒業生(一八七七年)である小村寿太郎に関する長文のものとなっており、吉川は、日本ハーバードクラブとして、「小村の生涯を著すにあたり、貴方を選ぶであろう」として、その参考のために、小村の生涯を年表風に詳しく伝えている*14。これに応じて、『ハーバード・グラデュエイツ・マガジン』第二十号は、小村寿太郎の小伝を掲載しているが、そこには、「日本人ハーバード卒業生の吉川重吉男爵のご厚意により、小村侯爵の生涯について以下の事実を記載することができた」と記されている*15。吉川は『ハーバード・グラデュエイツ・マガジン』とセイヤーを通じて、日本のハーバード関係者を米国側に紹介していく役割を積極的に果たしていたことが理解されよう。

四　ウェンダル・コレクション

さて、「ウェンダル・コレクション」は、ハーバード大学で英語の教授を務めていた文芸評論家のバレット・ウェンダル（Barrett Wendell）とその家族に関する資料で*16、吉川がウェンダルに宛てた書簡六通が含まれている。

一九一一年六月七日にウェンダルに宛てた書簡で吉川は、近くウェンダルが神戸に来日することを聞いたとして、神戸でぜひ会いたいと伝えている。実際に会えたのかどうかは判然としないが、同年七月十六日付のウェンダル宛書簡では、二日前にウェンダルから手紙を受け取ったとして、「あなたが奈良や高野山を訪れたと聞いて喜んでいる」と記している。同年九月にはウェンダルに、ニューヨークからウェンダルの新著が届いたとして、そのフランス研究が進んでいることを知ってうれしいと述べ、詳しい読後感を記した。ウェンダルが一九〇九年にパリで刊行した『La France d'aujourd'hui *17』のことを指しているのであろう。一九一三年八月四日には、ウェンダルの娘が結婚したことを祝福する長文の書簡を送っている*18。

ウェンダルと吉川は、おそらく在学中から親しい関係にあったのであろうし、英作文が得意であったというから、特にウェンダルには師事する関係にあったのかもしれない。こうして英語で英語教授に長文の手紙を書くこと自体、吉川にとっては学習の継続であった。

五　結びに代えて

小稿では、吉川重吉の母校であるハーバード大学に現在残されている吉川の書簡について紹介した。これらを通し、吉川が主に日露戦争期から明治末期にかけて、ハーバード大学の日本人卒業生を代表する立場で、日米間の友好関係を考慮しながら、同窓生の様子を米国に向けて発信し、ハーバードにおける日本研究の発展に寄与し、ハーバードの教授とも私的な交際を重ねていたことが確認された。なお、本文で紹介した吉川の書簡は、いずれも自宅のある東京駿河台から発信されており、英文である（拙訳）。

吉川のこれらの取り組みは、吉川自身の生涯において重要な一側面であると同時に、ハーバード大学という窓口を通して試みられた、知られざる日米交流の一痕跡ともいえるであろう。折しも、吉川がハーバードとの交流をさかんにしていた時期は、ハーバード大学卒業生が日本の政治外交において大いに活躍していた時期でもあった。前述の『ハーバード・グラデュエイツ・マガジン』第二十号は小村の小伝の中で述べている。「未来の歴史家は、一八九〇年から一九一〇年までの間、日本の指導的政治家のなかに、ハーバードの卒業生が何人もいたという事実を評価するであろう」。そこで挙げられているのは、目賀田種太郎（一八七四年、ロースクール卒。一九〇四年、韓国政府財政顧問）、小村寿太郎（一八七七年、ロースクール卒。一九〇一年、外相）、金子堅太郎（一八七八年、ロースクール卒。一九〇〇年、法相）、栗野慎一郎（一八八一年、ロースクール卒。一九〇七年、駐仏大使）の四名であり*[19]、いうまでもなく、いずれも日露戦争に深く関わった人物であった。吉川は、「もう一人の高く評価される日本人ハーバード卒業生*[20]」として、米国に向けてさかんに日本から情報を発信し、両国の絆を、ハーバードと日本という視点から、強化しようと試みたのである。

教育や学校は、母校愛や日米関係などによってのみ、重視されるものではなかった。吉川は一九〇六年から翌年にかけて、学校視察、とりわけ技術学校の視察のために米国を訪れ、ボストンやニューヨークのクラスメイトから歓迎を受けたが、彼が当時、同窓会誌に寄せた文章が、前述の訃報記事に次のように紹介されている。「私は郷里の社会的、経済的、教育的発展のために努め、その事業に深く携わってきた。学校を作り、木を植え、工場を発足させた*[21]」。教育や学校は世界に向けて発信する重要な窓口であり、同時に、郷里に向けて還元すべき重要な資産だったのである。

＊1 「正四位勲四等男爵吉川重吉」ＪＡＣＡＲ（アジア歴史資料センター）Ref.A10112796500、叙勲裁可書・大正四年・叙勲巻六・内国人六止（国立公文書館）。
＊2 松波秀子「新・生き続ける建築―1 ジェームズ・マクドナルド・ガーディナー」（『LIXIL』第一号、平成二四年一一月号）、四〜六頁。

＊3　吉川重吉／大塚武松訳『故男爵吉川重吉卿自叙伝』（井原豊、大正六年）、三七～四九頁。

＊4　Harvard University Biographical files (i.e."Quinquennial files") (HUG 300), Harvard University Archives.

＊5　姉崎正治「ハーバード卒業生としての故吉川男爵（二）」（『読売新聞』大正六年一月一九日付）。小村、金子、栗野等の卒業年などについては、本文後述。

＊6　Wendell family papers, ca. 1620-1921 (MS Am 1907-1907.1), Houghton Library, Harvard University. ただし、本文の通り、吉川は「ハーバード大学の学部課程を卒業してＡＢの学位を取得した最初の日本人の一人」であり、同じ年にもう一人の日本人卒業生がいた。中原儀三郎という人物である。中原儀三郎は、嘉永五年一二月一〇日（一八五三年一月一九日）に岩国領多田の地に生まれた。上士の家柄だったようで、藩校に学んだあと、四年間郷里で私塾を開いて教え、明治八年に大蔵省に出仕し（明治九年九月の『官員録』では大蔵省一四等出仕。西村隼太郎編『官員録』明治九年九月、西村組出版局、明治一〇年、参照）、一年半勤務したあと、一〇年に留学のため渡米してボストンに到着し、マリオン・ホウズ（Marion A Hawes）に就いて英語とフランス語を学び、またエドワード・ホウズ（Edward S Hawes）からギリシャ語とラテン語の教示を受けた。その後、一二年にハーバード大学に入学し、吉川とはルームメイトで、歴史と政治、経済を好んで学んだという。おそらくは「学友」として吉川に随従していたものであろう。一六年に吉川とともに卒業後、病に罹り、一九年にはビジネスに取り組むまでに回復したものの、その後再び病状が悪化し、同年九月一一日に死去した(Harvard College Class of 1883, *Records of the Class*, 1883-1908, 1908, p.100)。したがって、ハーバード大学の学部課程を卒業した最初の日本人は、吉川重吉と中原儀三郎、ということになる。

＊7　"Chokichi Kikkawa died at Tokyo Japan", *Harvard Graduates' Magazine*, Vol.XXIV, 1915-1916, p.546.

＊8　Records of the President of Harvard University, Abbott Lawrence Lowell, 1909-1933(UAI 5.160.x), Harvard University Archives.

＊9　William Roscoe Thayer papers, 1762-1927(MS Am 1081-1081.3), Houghton Library, Harvard University.

＊10　Wendell family papers, ca. 1620-1921 (MS Am 1907-1907.1), Houghton Library, Harvard University.

＊11 Harvard University. President's Office. Records of the President of Harvard University, Abbott Lawrence Lowell, 1909-1933(UAI 5.160.x), Harvard University (http://oasis.lib.harvard.edu/oasis/deliver/findingAidDisplay?_collection=oasis&inoid=4594&histno=0. Accessed 6 April 2013).

＊12 Records of the President of Harvard University, Abbott Lawrence Lowell, 1909-1933(UAI 5.160.x), Harvard University Archives.

＊13 Thayer, William Roscoe, 1859-1923. William Roscoe Thayer papers(MS Am 1081-1081.3), Houghton Library, Harvard College Library (http://oasis.lib.harvard.edu/oasis/deliver/findingAidDisplay?_collection=oasis&inoid=3122&histno=0. Accessed 6 April 2013).

＊14 William Roscoe Thayer papers, 1762-1927(MS Am 1081-1081.3), Houghton Library, Harvard University.

＊15 "Marquis Jutaro Komura, LL.B. '77", *Harvard Graduates' Magazine*, Vol. XX, 1911-1912, pp.455-456.

＊16 Wendell family. Wendell family papers, ca. 1620-1921 (MS Am 1907-1907.1), Houghton Library, Harvard College Library (http://oasis.lib.harvard.edu/oasis/deliver/findingAidDisplay?_collection=oasis&inoid=3977&histno=0. Accessed 6 April 2013).

＊17 Barrett Wendell, *La France d'aujourd'hui* (Paris: Nelson, 1909).

＊18 Wendell family papers, ca. 1620-1921 (MS Am 1907-1907.1), Houghton Library, Harvard University. ウェンダルは、一八八〇年にハーバード大学の英語教師に任ぜられ、一八八八年に助教授、一八九八年に英語担当の教授となり、一九一七年までその職にあった（Robert Grant,"Barret Wendell(1855-1921)", *Proceedings of the American Academy of Arts and Science*, Vol. 57, No 18(November 1922), pp. 518-519)。

＊19 "Marquis Jutaro Komura, LL.B. '77", p.465.

＊20 " Marquis Jutaro Komura, LL.B. '77", p.465. 同小伝が、吉川に冠した言葉である。

＊21 " Chokichi Kikkawa died at Tokyo Japan", p.546.

吉川重吉議員活動等年譜

※を付したものは末尾に「帝国議会貴族院議事録」「帝国議会貴族院委員会議事速記録」によって発言を記載してある。

■明治26年

6月21日　貴族院男爵議員補欠選挙に当選
11月26日　第五回帝国議会召集
11月28日　第五回帝国議会開院
　外国に輸出する綿絲海関税免除法律案特別委員

■明治27年

5月12日　第六回帝国議会召集
5月15日　第六回帝国議会開院
　貴族院第六部所属、予算委員、遺失物取扱規則中改正法律案特別委員
10月15日　第七回帝国議会召集
10月18日　第七回帝国議会開院
　貴族院第六部所属、予算委員
12月22日　第八回帝国議会召集
12月24日　第八回帝国議会開院
　貴族院第八部所属、予算委員、新聞紙法案特別委員、明治二十三年法律第七十三号貯蓄銀行条例中改正法律案特別委員、保存林地法案特別委員、福井県越前国敦賀港に於て朝鮮支那露領沿海州及び薩哈連島貿易に関する船舶出入及貨物積卸許可法律案外五件特別委員

■明治28年

3月27日　第八回帝国議会閉会

6月24日　研究会役員改選　幹事に選ばれる

12月25日　第九回帝国議会召集

12月28日　第九回帝国議会開院

貴族院第六部所属、予算委員、船舶検査法案特別委員、鉄道敷設法中改正法律案特別委員、葉煙草専売法案特別委員

■明治29年

3月29日　第九回帝国議会閉会

12月22日　第十回帝国議会召集

12月25日　第十回帝国議会開院

貴族院第九部所属、予算委員、禄高整理公債法案特別委員、鉄道公債及事業公債利子支払期改正法律案特別委員、関税定率法案特別委員

■明治30年

3月25日　第十回帝国議会閉会

3月29日　研究会役員改選　常置委員に選ばれる

7月10日　第二回貴族院伯子男爵議員選挙男爵議員に当選

12月21日　第十一回帝国議会召集

12月24日　第十一回帝国議会開院

貴族院第九部所属

■明治31年

3月　研究会役員改選　常置委員に選ばれる

5月14日　第十二回帝国議会召集

5月19日　第十二回帝国議会開院

貴族院第四部所属、予算委員、船舶法案外一件特別委員、民法中修正案外一件特別委員、市制中東京市京都市大阪市に於ける特例廃止法律案特別委員

11月7日　第十三回帝国議会召集
12月3日　第十三回帝国議会開院
貴族院第五部所属、予算委員、国籍法案特別委員、田畑地価修正法案外一件特別委員、著作権法案特別委員、失火の責任に関する法律案特別委員、郵便条例中改正法律案特別委員、討論終局の動議に関する規定取調の為特別委員を設くるの動議外一件特別委員、府県制改正法律案外一件特別委員、国事犯罪者家賞典録処分法案特別委員、耕地整理法案特別委員、府県監獄及府県監獄建築修繕費国庫支辨に関する法律案特別委員、航海奨励法中改正法律案特別委員、登録税法中改正法律案協議委員、営業税法中改正法律案特別委員
12月19日　第十三議会　明治二九年法律第六三号中改正法律案　第二読会（※1）
12月24日　研究会役員改選　常置委員に選ばれる

■明治32年

1月14日　郵便条例改正法律案研究会内部で取り扱い態度分裂、吉川賛成側となる
2月22日　第十三議会　郵便条例法律案（※2）
3月9日　第十三議会　衆議院議員選挙法改正案第一読会（※3）
3月10日　第十三回帝国議会閉会
5月9日　議院建築調査委員会・主査委員に任命される。
11月20日　第十四回帝国議会召集
11月22日　第十四回帝国議会開院
貴族院第八部所属、予算委員、鉱業条例中改正法律案特別委員、府県監獄及府県監獄建築修繕費国庫支辨に関する法律案特別委員、宗教法案外一件特別委員、国事犯罪者家賞典録処分法案特別委員、郵便為替法案外三件特別委員、産業

組合法案特別委員、混成酒税法中改正法律案特別委員、明治三十三年度歳入歳出総予算追加案及予算外国庫の負担となるべき契約を為すを要する件両院協議会委員

■明治33年

2月13日　宗教法案特別委員会（※4）
2月14日　支那調査会の事業助成に関する建議案提出　発議者
2月14日　貴族院宗教法案　特別委員会（※5）
2月17日　研究会の反対により宗教法案否決、吉川重吉、賛成。
2月24日　第十四回帝国議会閉会
9月10日　東京在住の華族らの総代として　横浜の独逸及び、米国病院に療養中の外国負傷病兵を慰問。
12月22日　第十五回帝国議会召集
12月25日　第十五回帝国議会開院
貴族院第一部所属、鍬下年期新開免租年期地価据置年期の延長に関する法律案特別委員、酒造税法中改正法律案外七件特別委員、所得税法中改正法律案特別委員

■明治34年

2月22日　（三島弥太郎日記）「研究会に行き、明治倶楽部の委員会に出席し、総会にて吉川、竹越、渡辺、岡部の四氏と共に、明治倶楽部、日本倶楽部合併の交渉委員に選ばる」
2月26日　（三島弥太郎日記）「研究会に行き、岡部、清浦、正親町、黒田、吉川、伏原、堤其他の諸氏と増税案反対演舌草稿の件にて相談す」
3月4日　（三島弥太郎日記）「電話にて岡部氏、堀田氏、吉川氏と談話す」
3月5日　（三島弥太郎日記）「午前十時吉川男を

訪ふ」
3月18日　（三島弥太郎日記）「夜分丹羽、吉川、京極氏と通話す」
3月25日　第十五回帝国議会閉会
5月1日　研究会　財政調査会　委員に任命される
6月26日　（三島弥太郎日記）「吉川男を訪ひ」
7月3日　（三島弥太郎日記）「午前六時半正親町、吉川の二氏と共に大蔵大臣を訪問し、財政上の件に付質問し、研究会にて右二氏と相談をなし、……四時より星ヶ丘にて研究会、大臣と常務委員の懇談会に出席す」
12月7日　第十六回帝国議会召集
12月10日　第十六回帝国議会開院
貴族院第一部所属、予算委員、国際証券買銷却廃止法律案特別委員、営繕税法中改正法律案特別委員、砂糖消費税法中改正法律案特別委員、地租条例中改正法律案外一件特別委員、明治二十四年法律案第二号中改正法律案特別委員、粗製樟脳樟脳油専売法案特別委員

■明治35年
3月6日　粗製脳樟脳油専売法案特別委員会（※6）
3月10日　第十六回帝国議会閉会
12月6日　第十七回帝国議会召集
12月9日　第十七回帝国議会開院
貴族院第七部所属、予算委員

■明治36年
5月8日　第十八回帝国議会召集
5月12日　第十八回帝国議会開院
貴族院第四部所属

6月5日　第十八回帝国議会閉会

12月5日　第十九回帝国議会召集

12月10日　第十九回帝国議会開院
貴族院第四部所属

■明治37年

3月16日　帝国軍人援護会へ寄付　二百円

3月18日　第二十回帝国議会召集

3月20日　第二十回帝国議会開院
非常特別税法案外十一件特別委員

3月30日　第二十回帝国議会閉会

4月1日　社団法人華族会館設立　幹事に選ばれる

7月10日　第三回貴族院伯子男爵議員選挙　男爵議員に当選

11月11日　桂首相・予算概算増収計画につき招待（貴族院議員各団体代表者一八名）一代表として桂首相と会見、各大臣列席、曾根大蔵大臣より三十八年度予算概算増収計画に依る歳入増加額、及増収計画、第百三十銀行へ六百万円貸付け顛末等に関し説明。更に桂総理、曾根大蔵の両大臣より詳細に説明を受け、小村外相、対韓政策其他海外の事情に関し意見を述べ、午餐。午後三時過ぎ散会。

11月28日　第二十一回帝国議会召集

11月30日　第二十一回帝国議会開院
貴族院第五部所属、予算委員、相続税法案外一件特別委員、担保付社債信託法外一件特別委員

12月23日　相続税法案外一件特別委員（※7）

■明治38年

2月4日　担保付社債信託法特別委員（※8）

2月28日　第二十一回帝国議会閉会

7月4日　大磯の別荘に賊侵入、被害なし

12月25日　第二十二回帝国議会召集
12月28日　第二十二回帝国議会開院
貴族院第二部所属、予算委員、臨時事件書支弁に関する法律案特別委員、関税定率法改正法律案特別委員・両院協議委員

■明治39年
2月22日　予算委員第一分科会（※9）
3月28日　第二十二回帝国議会閉会
3月30日　欧米漫遊の途に上る
12月25日　第二十三回帝国議会召集
12月28日　第二十三回帝国議会開院
貴族院第一部所属、予算委員、関東都督府特別会計法案特別委員、輸入原料佐藤戻税法中改正法律案特別委員、移民保護法中改正法律案特別委員

■明治40年
1月10日　吉川重吉後援の岩国電気軌道株式会社成立
2月25日、26日　貴族院予算委員第一分科会（※10）
3月16日　吉川、伯林時代の友人と共に、第三回牛鍋会を開く。西園寺首相、福島中将、早川鉄冶、山根正次、二宮熊次郎、石渡敏一諸氏同席
3月28日　第二十三回帝国議会閉会
11月29日　ハーバート倶楽部幹事として午後六時より華族会館に於て晩餐会を開会
12月25日　第二十四回帝国議会召集
12月28日　第二十四回帝国議会開院
貴族院第二部所属、予算委員、事業公債条例中改正法律案特別委員、沖縄及び東京府小笠原島伊豆七島に於ける酒造税に関する法律案外四件特別委員、東洋拓殖株式会社法特別委員

■明治41年

3月24日　地方税制限委員会・商議員
3月25日　東洋拓殖株式会社法案特別委員会（※11）
3月27日　第二十四回帝国議会閉会
4月16日　（田日記）「四時半華族会館に赴き、男爵協同会に臨む。会する者二十余人。近時男爵中二十日会設ける者有り。会員百七十人を越す。男爵議員の選挙、殆ど其の掌裏に帰す。其の専横憂ふべし。故に今有志者相謀り、此の会を設く。同志者六十五人を獲、茲に始めて会を開する也。即ち小沢武雄、船越衛、松平正直、吉川重吉、坪井九八郎、真田幸世及び予の七人を選挙し幹事と為る。共に晩餐を喫し、談笑数刻にして別る」
10月31日　研究会常務委員　研究会常務員当選者吉井幸蔵伯、堀田正養子、牧野忠篤伯、吉川重吉男（以上新選）三島弥太郎（再選）留任酒井忠亮子、入江為守子
12月8日　（田日記）「後二時吉川重吉男と幸倶楽部に会ひ、協同会振作の件を談ず」
12月15日　（田日記）「夕七時、平田、松平、有地、吉川、武井諸男と協同会拡張の方法を協議す。深更に及びて帰る」
12月22日　第二十五回帝国議会召集
12月25日　第二十五回帝国議会開院
貴族院第三部所属、予算委員、帝国鉄道会計法案特別委員、造船奨励法改正法律案外一件特別委員、砂糖税法中改正法律両院協議委員、日本勧業銀行法中改正法律案外二件特別委員
12月25日　（田日記）「午後一時、平田男、大浦、松平、有地、船越、吉川諸男と内相官邸に会ひ、協同会振作方法を協議す」

■明治42年

2月2日　午後五時半富士見町に会合、協同会伸作方法を協議

3月2日　（田日記）「午後三時研究会に赴き、三島子、波多野男、吉川男外二名と共に電話及び鉄道予算の可否を交渉す」

3月10日　造船奨励中改正法律案特別委員会（※12）

3月25日　第二十五回帝国議会閉会

4月2日　（田日記）「午前十時、波多野、吉川、松平、船越、武井、沖の諸男と幸倶楽部に会し、協同会拡張の時宜を協議す」

4月6日　（田日記）「午後二時松平、船越、小沢、吉川、真田と幸倶楽部に会し、協同会の事を談ず」

4月13日　（田日記）「後三時、波多野、吉川、小沢、真田、松平、沖、船越、武井の諸男と幸倶楽部に協同会の件を協議す」

4月22日　（田日記）「後四時、協同会会員の松平、船越、吉川、真田、小沢、波多野、武井諸男、及び軍人同志会発起人の矢吹、原口、黒瀬、山内、藤井、内田諸男が階行社に会し連盟拡張運動の方法を協議す。共に晩餐を喫して八時退散す」

11月17日　研究会役員改選　常置委員に選ばれる

12月1日　（田日記）「前十時、船越、小沢、波多野、沖、武井、真田、吉川の諸男と幸倶楽部に会して協同会総会等の件を議す」

12月22日　第二十六回帝国議会召集

12月24日　第二十六回帝国議会開院

貴族院第五部所属、予算委員、地租条例中改正法律案外一六件特別委員、営業税法中改正法律案特別委員、関税定率法改正法律案特別委員・

両院協議会協議委員、貴族院伯子男爵議院選挙規則中投票に関する規定改正の建議案特別委員

■明治43年

2月13日　（田日記）「後一時、船越、波多野、有地、吉川の諸男と共に、大浦男私邸に会し、二七会内訌の情報を聴き、応急方法を協議す」

2月14日　（田日記）「一時、船越、沖、吉川の諸男と共に二七会破裂の結果清交倶楽部と提携の方法を内儀す」

2月18日　（田日記）「大浦、小沢、船越、波多野、武井、沖、吉川の諸男と別室に密会し、対二七会合同交渉拒絶の件を内決す」

2月25日　地租条例法律案特別委員会（※13）（田日記）「杉渓言長と吉川重吉の二男　来部して協同会、清交倶楽部の対二七会政策を協議す」

2月28日　（水野直日記）「議長世襲財産に付き吉川君に研究会出席を申込」

3月2日　（田日記）「四時幸倶楽部に赴き、大浦、船越、波多野、沖の諸男と共に協同会拡張問題を内儀す。遂に評議委員会を開き、交渉委員二名を置く事を決定す。予は吉川男と共に之に当る。清交倶楽部杉渓、長松外一人来部して交渉する所有り、予は吉川男と之に応ず。該倶楽部は杉渓言長、若王寺文健、平野長祥の三男を以て交渉委員と為す」

3月7日（田日記）「各派交渉委員と共に議長室に集り、議長より議長交際費支出監査方法の交渉を受く。即ち退きて幸倶楽部に集り、研究会三島、波多野、吉川の三氏と共に其の答案を協議す」

3月10日　（田日記）「大浦、吉川の二男と共に、大浦男洋行不在中の協同会対清交倶楽部交渉の方針等の件を協議す」

3月11日　(田日記)「幸倶楽部に赴き、吉川、杉渓、平野の三男と共に談を為す」
3月17日　(水野直日記)「幸倶楽部、田と肝付、角田、小原の協同会入会を議す。吉川君へ角田男の入会書を渡す」
3月24日　第二十六回帝国議会閉会
4月3日　(水野直日記)「吉川君　大打□取」
4月11日　(田日記)「午前九時半、船越、小沢、松平、吉川、武井、有地、波多野の諸男、及び陸軍同志会原口男、海軍親睦会梨羽、内田の二男と共に幸倶楽部に会し、補欠選挙候補者の選定を協議す」
5月29日　清交倶楽部、男爵協同会両派提携に関し、田健治郎、波多野敬直と協同会側交渉委員に選ばれる
6月15日　(田日記)「五時協同会幹部員松平、船越、小沢、有地、沖、波多野、吉川の諸男、及び陸軍同志会幹部原口、山内、黒瀬、藤井、石黒、海軍親睦会員内田、梨羽の諸男と幸倶楽部に会して、男爵議員補欠候補者二名予選の件外数件を協議し、共に夕食を喫して散ず」
6月25日　(田日記)「清交倶楽部杉渓、平野、若王寺の三男を招き、予、吉川男と共に原口男候補の件を交渉す」
7月10日　(田日記)「前九時協同会幹事会に臨む。松平、小沢、波多野、有地、吉川の諸男来会し、千家男に対する候補者協定顛末の弁明書発布の件を決す。
8月31日　三十一日華族総代として公爵徳川慶喜、侯爵淺野長勲、伯爵松平直之、子爵吉田清風の諸氏と共に、渡辺宮内大臣より、宮中に召喚され、宗秩寮設置の勅語を伝宣される。
9月19日　蚕糸会副会頭の補欠に決す
10月24日　欧米視察より帰朝の徳川議長を国府津

駅に出迎え
11月1日　研究会役員改選　常務委員半数改選・三島弥太郎、牧野忠篤、波多野敬直、吉川重吉いずれも重任される
11月2日　（田日記）「前十時半沖、有地、武井、波多野、吉川の諸男と幸倶楽部に会して男爵議員候補選定及び総会議案等の件を協議す」
11月8日　（田日記）「後二時、吉川男と幸倶楽部に会し、協同、清交二会合同の件を内儀す」
11月　研究会役員改選　常置委員に選ばれる
11月24日　（田日記）「此の夕、吉川男来りて協同、清交合同の得失を議す」
12月1日　上院各派交渉会委員となる
12月20日　第二十七回帝国議会召集
12月23日　第二十七回帝国議会開院
貴族院第五部所属、予算委員、蚕糸業法案特別委員、日本勧業銀行法律中改正法律案外三件特別委員、明治三十九年法律第三十一号中改正法律案特別委員、帝国鉄道会計法中改正法律案特別委員

■明治44年

1月9日　（田日記）「午前十一時幸倶楽部に赴き、沖、有地、波多野、武井、吉川の諸男と共に男爵補欠議員候補人選の件を協議し、坪井九八郎男を挙ぐるに決す」
3月2日　帝国鉄道会計法中改正法律案特別委員会（※14）
3月7日　（田日記）「飯田精一氏（代議士）来院、予及び吉川男に対し、岩国区裁判所管轄区域変更法案の不当を説く」
3月10日　蚕糸業法案特別委員会（※15）
3月23日　第二十七回帝国議会閉会
3月30日　（田日記）「前十時時協同会幹事会を幸

倶楽部に開く。武井男の外皆集ふ。小沢、波多野、吉川、真田諸男は清交倶楽部約五十名の入会を予め謀らざるの故を以て交も不平を鳴らす。予は急遽相謀るの遑無き事由を述べ、之を慰籍し、漸く一同の承認を得る。清交倶楽部併合の議は昨秋予が曾て之を主張す。波多野、吉川、小沢諸男は彼等政派に甚だ不便の為め、之れを強く拒む。此れ等事を大にし道詢戸訪、障害百出して実行不可。今回は先ず決して後に報ず、是彼等喋々不平を鳴らす所以也」

5月9日　（田日記）「後一時吉川男を駿河台邸に訪ひ、男爵議員候補者予選の件を密議す」

5月25日　（田日記）「後二時、吉川男と我が邸に会し、男爵議員候補予選の件を内議す」

5月31日　（田日記）「前十時、沖、有地、吉川三男と、黒瀬、山内二男と会見し、協同会海陸軍人議員定員分配の件を談す」

6月1日　（田日記）「前九時、吉川男来り、安場、青山、坪井三男を招き、総選挙に対する事務処理の経過を共に語り、将来進行の方針を内示す。後七時、吉川、杉渓、長松、諫早四男我が邸に会す。総選挙事務進行の実況を告げ、且つ将来の方針を内示す」

6月3日　（田日記）「前九時、幸倶楽部に赴き、吉川氏と共に原口、黒瀬二男と会見、陸軍同志会定員分配意見を聴く」

6月5日　（田日記）「午前十時、沖、吉川、武井、有地諸男と協同会に会し、総選挙に対する時宜を協議す」

6月6日　（田日記）「一時、沖、有地、吉川三男と協同会に会す。安場、中川、青山、若王子、坪井、安藤五男を総選挙準備委員に嘱任し、幹事補欠の件を内議す」

6月7日　（田日記）「後一時、協同会幹事会を開

く。小沢、沖、武井、吉川、真田、五男皆集り、男爵議員六十三名中協同会選出四十三名、局外選出八名、候補者選出の件を内儀す。北大路男を以て金子男に換ゆるの外は、全て予と吉川男の予選するところの人名に決して散ず」

6月12日　(田日記)「二時幸倶楽部例会に列す。吉川男、新議員政派所属自由選択の件を来議。予、之れに賛成し、沖、武井、安場、青山、坪井、杉渓諸男に之れを通知す」

7月10日　第四回貴族院伯子男爵議員選挙　男爵議員に当選

7月11日　(田日記)「六時平田、大浦、有地、吉川各男と農相官邸と会食し、協同会の二七会に対する方針及び有爵、多額議員各派所属分配方法を協議し、深更に及びて散ず」

7月24日　(田日記)「吉川、研究会各派交渉会に研究会三嶋、入江、日高と列す。木曜会交渉委員参列の諾否(二五名以下にて不許可)、上院常任委員分配方法協定(按分法による)」

9月14日　大日本蚕糸会下野支会主催第十四回蚕糸品評会に出席

12月23日　第二十八回帝国議会召集

12月27日　第二十八回帝国議会開院

貴族院第四部所属、予算委員会副委員長(委員長・曾我祐準)、清国事件費支弁に関する法律案特別委員、貴族院議員選挙法中改正法律案両院協議員

12月28日　(田日記)「四時半十金会を富士見軒に開く。会する者は大浦、小松原、原、一木、沖、有地、高橋、穂純、三嶋、吉川、山田、日高、平山)主に鉄道広軌、及び予算の件を談じ、遂に広く時事を談論して九時退散す」

■明治45年・大正元年

1月22日　（田日記）「三島子電話に依り明日予算委員会に於て曾我子を挙げて委員長となし吉川男を副委員長になすの希望を述べ同意を求め来る。即ち賛同の意を表し、之れを浅田、下条二氏に伝ふ」

2月8日　（田日記）「零時半幸倶楽部、吉川、沖、有地、武井諸男と男爵議員新候補伊丹春雄、正親町季薫推薦の件を内定、一時協同会幹事会を開く。前記四男の他、小沢、真田二男来会、補欠候補者鹿野勇之進男、選挙順序及び委員に長松、津田、坪井、南岩倉、安藤五男選定の件を議決、次で伊丹、正親町二男選定の件を議し之れを可決」

2月23日　（田日記）「後六時徳川議長の招きに依り、其の招待官邸晩餐会に赴く。研究会より、黒田副議長、三嶋子、牧野子、入江子、吉川男来賓出席。宴酣にして徳川公起ち、立法行政両府間意思疎通の必要上、此の会を催すの旨趣を述ぶ。西園寺首相、来賓を代表し謝辞を述ぶ。宴後、船陵、紅飛二画伯をして席画を為さしめ、或ひは囲碁将棋を闘はせ、歓笑歓談九時半に及びて散ず。真に一代の清遊也」

2月24日　貴族院清国事件費支弁に関する法律案特別委員会（※16）

3月2日　（田日記）「吉川男北見鉄道工事に関し、実地再調査の希望を述ぶ。原内相、同意の旨を答ふ」

3月22日　（田日記）「衆議院議員選挙法案両院協議会委員十名を指名す。〔吉川委員となる〕午後二時両院協議会に列す。酒井、田、目賀田、吉川、谷森、一木、穂純、有松、桑田と列す。大小区画の一転に係り討論、投票とし一〇対九で下院案に決定す」

3月25日　大日本蚕糸会大会開催

3月26日　第二十八回帝国議会閉会
4月6日　岩倉大使同航四〇年記念会発起。人懇親会　現存者四〇余名
7月10日　蚕業講習所卒業式、吉川、伏見宮の令旨を代読。
8月9日　(田日記)「前十時西園寺首相の求めに応じ其の官邸に赴く。山本蔵相病気不参を除くの外、閣臣皆集る。上院議員来会者、徳川議長、黒田副議長、徳川頼倫侯、松浦厚伯、曾我惟準子、三嶋弥太郎子、有地品之丞男、田、吉川重吉男、鎌田栄吉氏計十人質問応答数件して散ず」
8月21日　第二十九回帝国議会召集
8月23日　第二十九回帝国議会開院
8月24日　第二十九回帝国議会閉会
貴族院第四部所属
11月10日　(田日記)「午後二時郷誠之助男の招きに応じ、其の下六番町邸囲碁会に赴く。晩餐、会蜂須賀侯、清浦子、林伯、牧野男、松方巌、春山胤通、吉川男外数氏来遊、夕刻晩餐の饗を受け、辞を告げ帰る」
11月30日　研究会役員改選　常置委員に選ばれる
12月24日　第三十回帝国議会召集
12月27日　第三十回帝国議会開院
貴族院第四部理事、予算副委員長、所得税法中改正法律案、非常特別税法廃止に関する法律案特別委員、営業税法中改正法律案特別委員

■大正2年

1月22日　(田日記)「前九時三島氏電話に依り上院予算正副委員長は前年の例に依り、曾我子、吉川男推薦を欲するの意を交渉し来る。予、同意を表し、幹部員と協議をすべしと答ふ」
3月22日　(田日記)「三時過、幸倶楽部に集る。

予の草す処の予算協賛に関する決議案を審議し、小修正を加へて之れを可決す。有地男を伴ひ研究会に赴き、三島子、吉川男、山田氏に之れを示して其の同意を獲る。尚、数件を交渉す」

3月27日　第三十回帝国議会閉会

4月16日　(田日記)「午前九時半各派交渉委員各一人、徳川議長に招かれる、予(茶話会)、有地男(無所属)、吉川男(研究会)、松浦伯(辛亥倶楽部)、小沢男(土曜会)、千頭清臣氏徳川議長の招きに応じ其の官邸に集る。支那視察員選定の件を協議し、議長指名に依り松平親信子(研究会)、曾我祐準子(土曜会)、東郷安男(無所属)古市公威氏(茶話会)の五人を選定す。次で予、議長承諾を得て、各派員に対し、北米加州排日案外相問答の顛末を縁述す。更に各派交渉員と共に山本首相に対して上院有志議院の希望を提出するを提議し、概ね其の同意を得る。正午華族会館に赴き、吉川男と議す。電話に依り、明日午後一時を以て山本氏首相会見の承諾を得、予、目賀田、高橋、小沢、吉川男の五人同行往訪の約を定む」

4月17日　(田日記)「午後一時兼ての約に依り、小沢、目賀田、吉川の三男及び高橋氏と、山本首相を其の官邸に訪ふ。予先ず加州排日問題に関し上院有志熱心憂慮の顛末を詳述し、左記覚書を呈す。「貴族院有志議員は米国加州に於る立法的手段に関し、深甚の憂慮を抱くと雖も、合衆国は建国以来正義と人道の尊重を主持する所の者、必ず本件を両国間深厚交誼保持に帰着至らしめんとの確信を以て、政府充分意志疎通の道を尽すを希望す。」尚、その旨趣を敷衍し、外相を経て之れを米国官憲に伝達の希望を述ぶ。首相深く之を諒し、且つ上院議員慎重の注意を謝す。次で首相は五年前学童隔離問題沸騰の際に当り、遇ま米国に在りて大統領其の他と意見交換の顛末を述べ、排日問題解決の困難の実情を語る。予亦帰化権を獲得し紛争原因を根本的解決の必要を述ぶ。交互に意見を尽し、二時半辞去して去る」

6月12日　（田日記）「前十時協同会幹事会を幸倶楽部に開く。高木、小沢、有地、武井、吉川、真田、及び予の六人集る。先づ来る十九日を以て春季総会を開き、堤正誼男を挙げて評議員の欠を補ふ件を決し、次で男爵議院候補者選定の件を議し、正親町季薫男の候補を削り、福原俊丸、島津久賢二男を挙げて候補と為す件を決す。二人選挙の前後に関して議論粉出し、決する所無くして散ず」

11月1日　研究会役員改選　常置委員に選ばれる

12月24日　第三十一回帝国議会召集

12月26日　第三十一回帝国議会開院

貴族院予算委員会

■大正3年

1月12日　（田日記）「前十時男爵議院補欠選挙の順序決定の為め、協同会幹事会を幸倶楽部に開く。有地、小沢二男、事故に依り不参加の外、田、高木、武井、吉川、真田四男参会す。予の提議に依り先ず協同会会員推挙の件に関し、陸軍同志会に交渉の事を決し、次で福原俊丸男を挙げ候補者と為すの件を決す」

1月16日　（田日記）「午後吉川重吉男、松田義雄（同男秘書）をして其の書簡を齎し来り、男爵互選議員候補者発表の件を嘱す」

1月17日　（田日記）「前九時半幸倶楽部に吉川男と会見し、福原男候補推薦発表の件及び選挙委員五名（中川、坪井、楠本、伊丹、千秋の五男）指名の件を協定す」

1月25日　（田日記）「此の日、誠をして吉川重吉男三男重武氏の葬を谷中墓地に送らしむ」

2月2日　（田日記）「午後二時予と有地男と倶楽部を代表して研究会に赴き、入江子、牧野子、吉川男に対し交渉する所あり、〔大礼使官制、海軍瀆職事件につき〕熟議して答ふべしと約して帰る。吉川男来部、華族会館評議員改選人事の件に関し、徳川館長の内意を帯びて内談する所あり」

2月12日　（田日記）「吉川男電話を以て、来る十五日上院各派交渉会催開の事を協議し来る」

2月13日　（田日記）「後四時研究会に到り、吉川男、前田、酒井二子と会見し、予算会質問順序及び第四分科主査据置、山内男回避等の件を協議す」

2月20日　（田日記）「二時研究会に赴き、吉川、山田、牧野、入江、前田五氏と会見し討論〔海軍瀆職事件内閣問責の件〕を反覆す」

2月23日　（田日記）「四時研究会を訪ひ、入江、吉川、牧野三子と会見す。予及び曾我子起草せる所の海軍補充費削減理由決議案二通を示して、其の比較推敲を求めて去る」

2月27日　（田日記）「吉川重吉男来部、明日午後内交渉会開会の事を談ず。予は即ち海軍削減理由書対策の提示を求む。此の夜、同男は之れを我が家に送り来る」

2月28日　（田日記）「午後一時有地男を伴ひ研究会各派協議会に赴く。曾我小沢氏来会。研究会入江、牧野、前田、吉川、山田、日高諸氏と過日来の懸按に係る海軍補充費削減理由書決定の事を協定す」

3月2日　（田日記）「吉川重吉男、朝鮮増税案認否の可否を問ふ。予は寺内総督の至誠大方針糾明の必要を以て答ふ。乃ち其の嘱に依り、先ず朝鮮政府委員児玉伯秀雄伯を内談室に招き、伯をして寺内総督の邸に就き之れを質せしむ」

3月3日　(田日記)「午後零時半登院す。曾我子、吉川男、鎌田勝太郎氏と左の諸件を協議し、其の賛同を得る。〔朝鮮総督府予算是認、海軍補充費削減年度割金額を整理、軍艦、水雷艇基金下院削減を黙過、産業奨励基金法否決〕

3月6日　営業税法中改正法律案外一件 (※17)

3月15日　(田日記)「十一時曾我子、有地男、吉川男(三島氏病の為め代理)と車を聯ねて首相官邸に到る。徳川議長、先に在り、山本首相之れを一室に延き左の懇談を述ぶ」

上院海軍補充費七千万円の大削減に関して自ら不徳を謝す。大正三年予算に於て二個師団増設計画を提出する能はざる理由及び海軍拡張の必要を詳述し、終に両院協議会に於て交譲の意を以て和衷協賛し、予算不成立に陥らざるを希望す」

3月16日　(田日記)「海軍補充費削減案に関し両院協議会員選挙問題に入り、其の指名を徳川議長に委託す。其の指名左記の如し。公二条基弘、伯柳澤保恵子、曾我祐準子、入江為守子、牧野忠篤子、有地品之丞男、田健治郎男、目賀田種太郎男、吉川重吉男、桑田熊蔵」

3月19日　大正三年度歳入歳出総予算案両院協議会出席

3月20日　研究会総会　十九日の両院協議会経過、結果報告をなす。

3月25日　裁判所構成法中改正法律案外一に反対

3月26日　第三十一回帝国議会閉会

4月18日　内相打診されるも固辞する。

4月20日　研究会常務会にて第三十一議会報告をなす。

4月24日　研究会総会にて二十二日の大隈邸懇談

会の報告をなす。
5月4日　第三十二回帝国議会召集
5月5日　第三十二回帝国議会開院
5月8日　第三十二回帝国議会閉会
6月19日　東京発　コロンボへ
6月20日　第三十三回帝国議会召集
6月22日　第三十三回帝国議会開院
6月29日　第三十三回帝国議会閉会
9月3日　第三十四回帝国議会召集
9月4日　第三十四回帝国議会開院
9月10日　第三十四回帝国議会閉会
9月17日　米友協会　晩餐会　スピーチをなす。
11月25日　（田日記）「五時郷誠之助男の招きに依り、其の晩餐会に赴く。来賓は武井、小沢、目賀田、吉川、真田、原口、安場の諸男及び、平山、藤田氏等上院議員十一名也」
12月5日　第三十五回帝国議会召集
12月7日　第三十五回帝国議会開院
12月18日　（田日記）「午後五時　男爵選挙団体聯合発起人懇話会を華族会館に開く。予と吉川男と幹事と為るの外、原口、武井、阪井、内田、山内、梨羽、村上、藤井、真田諸男也」
12月12日　吉川、南洋協会副会長に推薦される

大正4年

帝国蚕糸株式会社相談役就任、南洋協会副会頭就任
4月19日　（田日記）「後五時、協同会陸海軍互選団提携首唱者懇話会を華族会館に開く、会する者、平田子、武井、吉川、真田、原口、藤井、村上、梨羽、山内諸男来会。歓談数時、村上、梨羽の二男を挙げ、次会幹事と為し、午後八時散じて帰る」
5月17日　第三十六回帝国議会召集

5月5日　第三十六回帝国議会開院
5月20日　官業払い下げ問題について各派領袖協議、三島、吉川、山田、小沢、谷森、有地、田。
6月10日　第三十六回帝国議会閉会
第三十六回帝国議会貴族院予算委員会委員長として議事進行を務める。
11月29日　第三十七回帝国議会召集
12月1日　第三十七回帝国議会開院
12月28日　（田日記）「上院議員吉川重吉男薨去の訃を聞き、午後往きて之れを弔す」

議会特別委員会発言

※1　第十二議会
明治31年　12月19日　明治二十九年法律第六十三号中改正法律案特別委員会
此案の出し方は、少しくどうも混雑を招く種とならうと考へて居る。前に斯う云ふ例があると云ふ御話でありますが、成る程前例もございませう。又反対の例もあるのであります。例へば衆議院に於きまして、今日営業税法の改正案を政府から出しまして、衆議院の議員からも営業税法改正案と云ふ他の法律案を出して居ります。営業税法中の改正案でなく、営業税改正案である。斯の如くする方が本員は議事の進行上適当であると云ふ考でございます。併ながら伊沢君の修正の仕方に於きましては、強ち不法と云ふ訳ではございませぬから、是で議することは出来ないと云ふ本員の説ではない。それ故に唯伊沢君の提出の仕方が不当であるが故に、之を否決すると云ふことは甚だ好みませぬ。唯此場合に立至りまして、最早採決と云ふときになりまして満場諸君の御判断も既に定ったことゝ考へますから、若し伊沢君の修正を可として之を通さうと云ふ諸君は、無論之を議すると云ふことに御賛成になって宜からう考へます。併ながら伊沢君の修正案に反対の御方は、之を不当不穏当と云ふことで、即ち議事進行上混雑を招く種と云ふ点を以て御否決になっても差支ないと考へますから、私は先刻松岡君から御提出になった通、どうか後来の例として議場に御諮りにならんことを希望して置きます。

※2　第十三議会
明治32年2月22日　郵便条例法律案特別委員会

本員は此案の委員の一人でございまして本案に賛成を致す者でございます。唯今反対論者より郵便税は悪税である、如何に今日財政の必要を感ずるとも此税を増加すると云ふことは悪い、と云ふ御論でございました。私共は独り今日の財政上之を必要とするのみならず、それほどの悪税とは考へないのであります。成る程反対論者の言れる如く幾分か増税の結果として郵便の数が減ずると云ふやうなこともございませう、併ながらそれを以て知識の発達を害するとか、或は郵政の目的に背反するとか云ふやうなことは、それは極端の論かと考へるのであります。又反対論者は日本の郵便は比較的に高いと云ふ御論がございました。けれども或る点から論じますれば高いとも論じられるのでありまする。併ながら何も外国に比較して高いとか低いとか云ふことを言ふ必要はないと思ひまする。のみならず或る点から言へば高いと同時に矢張低いのであるのである。即ち日本に於きまして郵便税を始め課せられましたときには区々でございましたが、十七年……明治十七年の頃かと考へて居りまする、二銭と云ふことになりました。其ときの二銭と云ふものは即ち亜米利加なんぞの二銭、或は英吉利の一「ペネー」と云ふやうな比較を取って、日本も二銭と云ふ税率を定められたことであらうと存じます。爾来時勢の変遷と共に物価は騰貴致しました。貨幣は下落致しまして前二銭のものは殆ど一銭と云って宜い程な比例になりました。且つ又金貨本位実施の結果と致しまして、貨幣と云ふものゝ直段が余程違った訳でありまして、万国郵便の如きも是まで亜米利加へ向って五銭であったものを……即ち亜米利加の五仙に対する日本の五銭であったものを、金貨本位実施の結果と致して十銭と致したやうな例もあるのでございまして、即ち此貨幣の値打と云ふものも違って居ります。又唯今三島子爵は、重量が日本のは比較的に軽いと云ふやうな御論もございましたが、併ながら是は重量が多いから必ずやすいと云ふ比例もさう細密なことは言はれないことゝ存じます。三島君も言れる如く、どこでございましたか国はちょっと記憶致しませぬが、二匁は五厘五毛に当ると云ふやうな御論もございましたが、併ながら重量が幾らあって金は幾らであるから何匁は何厘幾らと云ふ計算も出来兼ねるでございます。又反対論者の言れるのには、二匁以下の郵便を使用するものは総数の九割以上である、と斯う申されましたるに依っても分りまする通、即ち郵便を使用すれば重量に関らず廉い郵便を使用するのでありますから、重量と云ふものはさう絶対的に重量のために高いとかやすいとか云ふ論も出兼ねると思ひます。又郵便の性質に付ては御論がございましたが、抑々此郵便の性質と云ふものは……

是が郵便の性質と云ふことも言ひ、悪い次第のものでありまして、之を或は手数料と見て其手数料に必要なる収入を取れば足れりとすることもありませう。又或る点から之を見れば、税として手数料に必要なる収入の外の税と致して幾分か徴収し、是を以て国庫の費用にも充て、又交通機関の発達にも充てると云ふことも出来るのでありまして。必ず是は成るべく廉くしなければならぬ、損をしても郵便を発達せしめなければならぬと云ふ程に論ずべきものでもないと思ひまする。要するに是等のことは其国の状況に依って違ふのであります。唯今も亜米利加の例を御引になりましたが、日本と亜米利加なんぞを以て同一の論とすることは出来ないことゝ存じまする。御承知の通亜米利加なんぞは国が広うございまして人が少い、斯の如き国に向って施す政策と云ふものは恰も日本の北海道に向って施す政策の如く、是は一種の政策がいるのでございます。それ故に欧羅巴各国の郵便の収入支出を比較して見ますれば、収入の支出に及ばぬ国と申しまするものは亜米利加、露西亜、加奈陀、伯剌西爾、智利、斯の如き皆な国が広うして人民の少い所であるのでございます。之に反しまして英吉利の如きは、法で数を記憶して居りまするから法で申上げまするが、十年前の統計で六千九百万法の純利益があったのでありまする。独逸の如きは三千七百万法あったかと記憶致します。仏蘭西も二千万法以上と記憶致して居ります。澳太利も千百万法以上、皆千万法以上、千万乃至数千万以上の純益であって之を法に換算致しました所が七百五十万法位のことに当るのであります。又他の国と比較致しましても日本のは純益に比較的に少いと存じまする。斯の如き有様でございまして必ず他国は斯うであるから左様にしなければならぬとか、或は斯うするのは絶対的に郵便の目的に反するとか、或は商売を妨げるとか云ふのは是は極論と私共は考へるのであります。成る程三島子爵の引例せられた如く英吉利に於きましては千八百四十年に七片のものを一「ペネー」に下げましたときは郵便の数が非常に殖た、併し収入が減じたと斯う仰せられましたが、それで郵便の数が殖えると同時に収入が減ずると云ふやうなことは、非常な下げ方であったから収入が減じたと仰せられましたが、併し此論と申すものは是は両方のことに論ぜられやうと思ひます。郵便の税を非常に下げたが故に非常に収入が減じた、又非常に下げたが故に数も殖えたのであります。二銭のものを十四銭にも殖しましたから即七倍にも致しますれば或は数が非常に減ずるかも知れませぬ。併ながら今日は日本では左様な無謀なことをしやうと云ふ話でも何でもない。唯二銭のものを三銭に殖やすと云ふので、即ち今日の時勢に適当して応分の殖し方にしやうと云ふ。斯う云ふ話であるのでございます。又貧富の論もございまして、是は貧民を苦しめると斯う云ふ御論でありまするが、併し如何でありませうか、之を地租に比較し、之を醤油税に比較し、其他のものに比較致しましたところが、是は貧民を苦めると云ふやうな税率と云ふものではないと思ひまする。と申しまするのは郵便税と云ふものは其時々の需要に応じて僅か二銭か三銭払ふものであるので、貧民が苦痛を感ずると云ふことではないのでございます。郵便税を払ふ者は多く富豪者であるのでございます。又郵便税は経済界の発達を妨げると云ふ御論も御尤でございまするけれども、本員達でも若しも郵便税を減じますことが出来るならば決して喜ばぬではありませぬ。併ながら如何せむ国家は必要なる税と云ふものを徴収しなければ、仕方がないのでありまして、之を申せば営業税も或は商買の発達を害するかも知れない。其他交通の機関、鉄道汽船等に課税するのも皆それは商業の発達を多少害するかも知れませぬきえれども、併ながら国家は必要なる方向に向って必要なる収税をすると云ふことは、決して不都合のことでないと考へまする。故に前申しまする通、本員は郵便税と申しまするものは佐程に悪税とは考へませぬ。即ち反対論者の云はれる所は是は極論と考へまする。極った論ときよくは曲ったではございませぬ。極った論と考へます。又右の如く悪税とは考へませぬのに、加ふるに今日の財政の状況を考へますると、此議会は御承知の通の経過でございまして、今日是非共補填の途を講じなければならぬと云ふ場合に立至りまして、若しも此郵便税を否決致しまするならば適当な財源を見出さなければならぬと云ふ今日でありあます。それで他の財源に付きましては、今三島子爵も云はれる通、人々考もありませうけれども、併し衆人の見る所是が適当の財源と云ふものも中々ないものでありまして、本員の考へまするのにも或は是と比較的に同等の財源があるかも知れませぬけれども、併ながら郵便税を今増加しないで外に十分なる財源を見出すと云ふことは難いことと存じます。故に何卒此案は御賛成ならんことを希望致しまする。

※3　第十三議会
明治32年3月9日　衆議院議員選挙法改正法律案

諸君、本員は衆議院議員選挙法案を第二読会に移すべからずとする一人でありまする。

是は此会期切迫の場合に於て御異存のないことゝ存じましたけれども、唯今の最も我々の尊敬する、且つ憲法に最も御経験のある伊藤侯爵すら之を今日通過すべしと云ふ御演説になりました以上は、本員の所見を一応述べて諸君の御静聴を煩したいと思ひまする。

此案の重大なることは、申すまでもなく唯今伊藤侯爵が本院に於て、斯の如く演説をせられたに依っても勿論のことゝ存じまする。又此議案の条項を見まするのに、其条数は百条以上に亘り、衆議院の修正は二十条以上ありまする。本院の特別委員に於きましても委員会の意見があり、少数者の意見が二つ程出て居って、誠に議論の多い案であります。又是は議論が多くて、然るべき案と存じまする。此重大なる議案、此条数の多き議案、此議論の多岐に渉る議案を僅か五六時間の中に議了して、若しも衆議院と意見を異にすれば、更に衆議院と協議を経て一の法律案と為すことは、誠に難いことゝ存じます。難いのみならず、殆ど為し能はざることゝ存じます。今此経験学識に富んで居る所の貴族院諸君に向って此の如き例を申すのは甚だ憚りますけれども、引証比較のため一の有名なる歴史の例を申しますれば、例へば英国の千八百三十年の衆議院改正の如きは如何でありましたか。殆ど六十年の星霜を経て初て所謂改正内閣なるものが成立して、而して内閣の成立して以来三箇年に跨って初て貴族院の通過を見たのではありませぬか。翻って我邦の衆議院の選挙法の沿革を鑑みまするのに、明治二十二年の二月に発布になりまして以来今日まで僅々十箇年、例令之を改正するの必要あるにもせよ、此会期に於て提出になりましたのは先月の初であります。而して衆議院の委員会を開かれましたのは二月の十日でありまして、会期を剩す所一箇月なかったのでありまず。故に衆議院に於きましても非常に取急かれまして、本院へ回付されたのは二月の二十五日頃、即ち衆議院に於ては委員会及本会を僅か十数日の間に議了せられたのであります。又本議会に貴族院に於きましても、唯今委員長が述べられました通、誠に取急いで此委員会を終へられたのであります。さうして今こゝに現れて居る案は、前申しました通、百条以上の案が種々なる修正を以て種々なる御議論があるのであります。之を今晩中に衆議院と協議を経やうと云へば、僅か五六時間のことであります。五六時間の中に是だけの案を十分に修正をすることは、殆ど為し能はざることであります。是も何か焦眉の急なれば、兎も角も其焦眉の急は本員等の見出す能はざる所であります。衆議院の総選挙は昨年に在りまして、次の総選挙はまだ数年の後でありますず故に、次の議会に於て之を議しても十分の時日があるのであります。故に此案は貴族院の机に置いて、閉会の後諸君に於ても十分に熟慮せられ、衆議院に於ても十分熟慮せられ、政府に於ても十分に熟慮せられ、人民に於ても十分に熟慮して完全なる修正を経て致したいと欲するのであります。何卒此精神を以て、此案は延期に御賛成あらんことを希望致します。

※4　第十四議会

明治33年2月13日　宗教法案特別委員会

都筑君の修正を入れると云ふことは強ひて主張は致しませぬが、之を入れた方が或は法文が完全になるか知らぬと考へる所があるのであります。と云ふのは唯今御話になった松岡君の案の十条の所は安寧秩序を妨げたり、或は風俗を害する所の行為を指すのである。都筑君の第五条は宗教に関する行為に付て命令に背いた行為である。それで場合が違ふと考へます。法律或は命令に於て明文があるに背いて宗教上の行為を為したときは法律命令に背くが故を以て無効であると云ふのが都筑君の精神であると考へる。松岡君の案は何々を取消すと云ふことはありますが、之をした行為は仕方がない、した上で規則を変更させると云ふのでありまして、十条、十一条へ都筑君の五条の精神が這入って居らうと思ひますから、都筑君の五条を加へたならば尚ほ法文が完全になりはせぬかと思ひます。尚ほ付加へて申しますが法律命令に背いて為したる行為は何を指すかと云ふと松岡君の十七条の二項に注釈があります。「住職か命令の定むる所に依り信徒総代又は信徒総代の同意を経ることを要する場合に於て其同意なくして為したる行為は寺の行為と看做さす」とあります。即ち無効の行為であると云ふのであります。是は一つの行為でありますが、其他種々宗教の行為にして法律命令に背くことがあらうと思ひます。是なども無効として此所に入れた方が法文を完全すると思ひますから入れることを賛成します。

※5　第十四議会
明治33年2月14日　宗教法案特別委員会

唯今十三条を削除する説が段々出まして。成るほど御説を伺ひますと、或は理論上から又実際上から国家の財源を奪ふなどと云ふことは誠に懸念すへきことと考へるのであります。それで此松岡君の案に於きましても余り区域を広くして国家の財源を奪ふと云ふ程の御考では決して無かったものと考へるのであります。然るに或る程度まで宗教上の建物土地の税を免ずると云ふことは事実上、又釣合上即ち理論上に於ても或る程度までは適当であるかと私は考へます。と申しまするのは此寺、教会の如きものに認可を与へる、認可を与へて或る束縛を加へる、然るに若其寺、教会の如きものが認可を請はなかったときには、如何とも仕様がないのであります。其制裁と云ふものは一方に束縛を加へる代りに一方に多少の保護を与へると云ふことがなければ監督の仕方も実際無いものと思ひます。又釣合上から見ましても、地租条例に於きまして郷村社地と云ふものは免税になって居ります。此方が免税になって寺、教会の方は免税にならぬと云ふのも釣合上如何と思ひます。彼是考へると多少の免税をすると云ふことが甚だ適当と思ひまする。然るに又唯今三好君からも述べられました通り、余り過当の免税をしても国家の財源を奪ふと云ふことも甚だ是は懸念すべきことと思ひます。故に私は折衷説として一の修正を試みたいと思ひます。修正の主意を申しますれば、教派、宗派、教会、寺等に属する建物を一方に於ては免除し、又建物の周りに在る所の土地の誠に狭い区域にして勅令の定むるものは之を免除すると云ふ主意で修正を加へたいと思ひます。其修正の文句を仮に読上げますれば

第十三条　左に記載する物は租税を賦課せす

一　教派、宗派、教会又は寺の宗教の宣布又は宗教上の儀式執行の用に供する建物

是は建物だけでございます。それから二号に行きまして

二　教会又は寺の構内及境内地にして勅令の定むるもの

是だけの区域にして免除すると云ふことに致したいと思ひます。固より先刻田中君の言はれました所の官有地の如きものは此外と御承知を願ひます。念の為に申上げて置きますが、紫版の寺と云ふものは一の方の教会又は寺と云ふ所へ這入ります。政府案の修正しました精神はどこかと云ふと教師の資格を高くしやうと云ふ考から、本条に於て「教派宗派教会又は寺に属し」と入れたのであります。それでなぜ是だけの文字を入れれば教師の資格が高くなるかと云へば、即ち教派、宗派等の規則に於て教師と云ふ者の資格を定めますから、

それ故に教師の資格が高くなると云ふ考へから此文字が這入ったんであります。然るに段々考へると教師の資格と云ふのは、竝みの教会の規則或は寺の規則で定むべきのにあらずして教規宗制に於て教師の資格を定むべきものである、それ故に「又は寺」と云ふ字を入れるのは無駄であると斯う云ふ考であります。然らばなぜ教会は入れないのかと申せば外教の如き随分教派宗派に属せぬ教会があらうと思ひますから、教会は入れまして「教派宗派又は教会に属し」と致したい考であります。

※6　第十六議会
明治35年3月6日　粗製樟脳樟脳油専売法案
特別委員会

私は一つ此際希望を述べたいと思ひまするが、昨日以来此事に付て形式論が段々出ましたが、是は案の内容が善い悪いと云ふことは扨置きまして、其形式で之を廃すると云ふことは甚だ是は議員として考ふべきであらうと私は思ふ。で若し是が刻下必要なる案であるならば之を形式の如何に依て廃すると云ふことは議員の責任として是は考ふべきものであらうと思ふ。併し是も形式は到底備はらぬ違法の形式であると云ふことならば止むを得ませぬが、私共の考へまする所では決して是は違法の形式とは見ませぬ。併しそれは追って申上げますが、此形式論で余り時間を費しますとそれが為に時日も切迫して居りまする。今日此案を通過させると云ふことは唯それが為に妨害されると云ふことになりましても甚だ遺憾と存じますから、是は銘々意見のある者は述べまして、さうして成るべくそれも簡単に述べまして、決を御採りならむことを予め希望いたしまして私の考を述べたいと思ひます。

其私の形式に違はぬと云ふやうに考へますのは、第一に憲法の明文には素より斯う云ふこともござい ま す まいし、官制の上にも内閣官制には法律命令には主務大臣が副署すると云ふことが書いてあります。併し主務大臣は一人であらうが二人も三人も必ず副署しなければならぬと云ふことは官制には書いてないと思ひます。即ち主務大臣一人がすれば宜しいと云ふことであらうと思ふ。さう致しまして内務省の官制を見ますと内務大臣は地方官を監督すると云ふこともあります。それから又此案の内容に付ての御論もありましたが、内容に付て此専売のことを考へて見ますと他の専売とも違ひまして専ら是は台湾に関係したことでございますから、是は双方譲った所が内務大臣は少くとも大蔵大臣及び農商務大臣と同等の関係がある大臣と考へますから、是は一人が副署になれば差支ないと考へます。且又昨日も法制局長官から御話がございました通り、此副署と云ふことは詰り法令が発布になりまするときが副署の時でございまして、議会に提出になりますときは内閣の一人が議会に向って交渉をなさるのでございますから、決してそれを違法とは言へぬと思ひます。で是は穏当で有るとか穏当で無いとか云ふことは或はあるかも知れませぬ。私は穏当でないと申しませぬ。言ふ必要がないと思ふ。それ故に形式に違って居るとか、違法であるとか云ふやうなことで此所で論ずることは議員の職責として甚だ穏当でないと考へます。且又今責任のことに付て大蔵大臣及び農商務大臣は責任を逃がれたと云ふ御話がございましたが、此事は諸君に向って私は斯んなことを申しまするのは甚だ憚りますから申しませぬでございましたが、併し責任云々と云ふ御話がございますから私の考へて居りまする所を一言申し加へて置きたいと思ひまするが、それは詰り此憲法に於きましても、憲法の制定者の伊藤侯爵がそれに註釈を加へて居る所を見ると、能くは記憶いたしませぬが、斯う云ふやふに註釈を加へられて居るかと思ふ。即ち此大臣は、其文句は覚えませぬが、縦令副署せずとも其相談に与った事柄に付ては共に責任を負ふものであると云ふことを註釈に書いてあると思って居ります。即ち憲法の精神であると思ひます。別に是が為めに大蔵大臣も農商務大臣も責任を免かれると云ふ訳でもあるまいと考へます。旁々以てこゝで議すべからずと決するものではないと思ひますから、私は一人としては是は議事の進行あらむことを希望いたします。

※7　第二十一議会
　明治37年12月23日　相続税法安外一件特別委員会

此財産権と云ふことでございますが、事に依ると金銭に見積り難いと云ふやうな財産権と云ふやうな財産権と云ふことがあるではございませぬか、若しさう云ふことにしますと課税の標準と云ふものはどうなりますか、伺ひたい。

今の御説明でちょっと少し迷ひを起しました。英吉利のコンソル公債の如きが無期定期金だと云ふ御説明でございましたが、あゝ云ふのは日本の公債の如きとは違ふけれども矢張りあれは期限があるのじゃございませぬか、コンソルと云ふものは其内の利子じゃないのでございますか。

※8　第二十一議会
　明治38年2月4日　貴族院担保付社債信託法案特別委員会

唯今の御話で此社債権者と云ふものは、大分権利を有って居ると云ふことでございますが、或る他の方面に向っての社債権者の権利、即ち此受託会社に向ってですな、段々伝聞いたすことに依りますと、此受託会社の取締役と云ふやうなものゝ選任と云ふやうなことを、債権者にさせると云ふやうな規定がありはしないか、他にさう云ふ例がありはしないかと云ふことを聞きましてございますが、さう云ふことは此所に無いやうでございますな。そこ等は先刻も木下さんから御話がありましたやうですが、此我邦の事情に鑑みて、社債権者にさう云ふやうな権利を与へると云ふことは、主務官庁で十分に監督して居る方が宜しいと云ふやうになって居ります。又他では主務官庁とか云ふやうなものゝ監督と云ふものは、日本ほど厳しくないでございませうか。そこらはどう云ふことでございますか。伺って置きます。

※9　第二十二議会
明治39年2月22日　予算委委員第一分科会

唯今の御話しで通行税が減じたとか相続税が減じたとか云ふやうな御話を承りましたが此度の戦時の増税と云ふものが総てゞ一億六千万円と云ふことになって居りますが、全部で御予定より増して居りますか或は減じて居りますか

私は此経常歳出の二十二款でございます、国際整理基金繰入の所でもう一応伺ひたいですが、本年は時局の為に募集になりました公債償還の一億一千万円と云ふものを余分に繰込むと云ふことは予て承って居ります、所が昨年よりは今の一億一千万円を除くの外に更に四百万円ばかり余計資金が繰入になって居る勘定と思ひますが、其殖えました四百万円殖えました所以と云ふものはそれだけ余計償還になる訳でございまするか、又は利息等の関係からさう云ふやうな勘定になりまするか。そこを一応唯今の公債の事に付てもう一応伺ひたいのでございますが、今年の公債募集額と云ふも

のは八千八十四万円なにがしと云ふものになって居ります。是は無論軍事の中に這入って居らぬやうに見えますが、さう致しますると是はどう云ふ公債でございますか。

※10　第二十三議会
明治40年2月26日　予算委員会第一分科会

二十三款の国際整理基金の繰入でありますが、国際整理基金が成立になりましてから、年々国債を償還すると云ふことになって居りますが、今日の有様ではどう云ふことになって居りますか、それをちょっと説明を願ひたい、将来年々此参考書に償還の見込と云ふものが付いて居りましたが、今年はさう云ふものも見当りませぬが、

此六款の公債募集でございますが、是は先日も御話を承りました通り、事業公債と鉄道公債の此二つであると考へて居りますが、此事業公債は此度提出になりました事業公債に関する法案に依って募集される千万円ばかりか、千五百万円ばかりの金が此中に這入って居ると考へて居る。所がそれは是までの慣例をちょっと記憶致しませぬから心得の為めに伺いたいのでございますが、法律を議院に提出される前に此予算は衆議院に提出になって居りまするが、それはどう云ふことで差支ないのでございますか、無論差支ないから御提出になったのでありませうが、慣例はどうなって居ります

※11　第二十四議会
明治41年3月25日　東洋拓殖株式会社法案特別委員会

此第四条に付きまして今朝議場でも質問がございまして大蔵大臣の御答弁がございましたが、少し了解いたし兼ねましたで尚ほ伺ひたいと思ひます

が、今朝の御質問は「東洋拓殖株式会社の資本増加は株金全額の払込であることを要せす」と云ふ、これは何故に東洋拓殖株式会社に限って斯の如き特権を与へるやと云ふことを御質問がありましたらば、大蔵大臣は是は便宜上斯うすると云ふ御答でありました。其上更に御質問になりましたらば、是は朝鮮では斯うする方が便利であると云ふ御弁でありましたが、如何にも唯便利と云ふばかりではどの会社に於てもさう云ふことは便利であらうと思ひますが、特に東洋拓殖株式会社に其便利を与へなければならぬと云ふことを、もう少し御説明を願ひたいと思ひます。

※12　第二十五議会
明治42年3月10日　造船奨励法中改正法律案
特別委員会

私も一条に付いて質問を致したいと思ひます。其前にちょっと希望を述べたいと思ひます。大分本案は条項が長うございますから、願はくは一条とか二条とか逐条に決めて質問を御許しになりましたならば、質問するにも便利であらうかと思ひます。それで私は一条に付いて質問いたしたうございますが、此四航路でございます。四航路は意味が能く分って居るやうで、又分らぬ所もあるやうに感じまするが、例へば欧州航路と申せば是は今郵船会社でやって居る航路に違ひない、それから北米航路の如きは聞く所に依ると三つもある。即ち桑港線、シャトル線、タマコ線、北米航路と云ふ一名の下に三つの航路が這入って居る。それから南米航路は今御話を承はりましたが、豪州航路の如きは今日では一航路でございますけれども、或は比律賓に寄って行くとか行かないとか、或はメルボルンに寄るとか何とか云ふやうなことも想像出来ますから、少し法律が明瞭を欠くやうな感じがあります。そこはどう云ふものでございますか。

一言附加へて申しますが、唯今では四航路でどう云ふ船があると云ふことは分って居りますが、斯う漠然と北米航路と書いてあればシヤトル線もあり、タコマ線と云ふものも出来る訳で、他の欧州路なり、豪州航路なりに新しい線路が出来ても矢張り此遠洋航路補助法で保護が出来るかと云ふことでございます。

※13　第二十六議会
　明治43年2月25日　地租条例中改正法律案外十六件特別委員会

此第十条の改正でございます。是まで三年間は免税をし、五年間は半減にすると云ふ規定を五年は免税をし、七年後は半減と云ふことに改められました。是は従来の法律よりか余ほど宜しいことと考へます。けれども此税を取りますには多くは収入を基として取ることでなければ資産を欠いて取ると云ふことは余ほど困難を感ずることでありませうと存じまするが、相続税の如きは是は資産を欠いて取る税である、けれども是は一代に一度、財産を譲るに付いて税を取ることとして、自然已むを得ませぬけれどもが、併ながら三年なり五年なりの間に之を取ると云ふことは少し過酷ではあるまいか、詰り一代と云ふものはどう云ふものであらうか、三年五年を一代とするのは余り短くはないか、少なくとも日本ではさう云ふことは格別申しませぬやうでございますけれども、西洋などでは、一ジェネレーションを三十年としますれば、さうすると云ふと代の更はるものは三十年と云っても至当ではあるまいか、又三十年が長ければ二十年でも二十五年でも宜しいが、五年三年と云ふは余り短きに過ぎはしないか、又私の記憶の違って居ることかも知れませぬが、或るもので見ましたやうに、確に考へるのは、此法人の課税に於て独逸国に於ては二十年に相続税に代るものを課すると云ふことを何かで見たやうに考へて居ります。是は法人なるものは死ぬることが無いから、相続税を取られない、故に之に代るべきものを二十年に取る、斯う云ふことになって居るやうに記憶して居ります。間違ひかも知れませぬが果してさうであるならば、三十年のジェネレーションは余り長過ぎて二十年に於て代り目と見るやうに、余所でも見て居るやうな例があるやうに考へます。又もう一つ同国の例を記憶いたして居りますのは、半減の期限を十年としてあるやうに考へます。是は今の法人よりはもう少し短くしてありますが、兎に角、此日本の今日の三年を延ばして五年、或は七年と云ふ年限は余り短きに失しはしないかと云ふやうな感じを私は有って居りますが、政府の御考は如何でございますか。

※14　第二十七議会
　　明治44年3月2日　帝国鉄道会計法中改正法
　　　律案特別委員会

私は此現行法の第二条の第二項に付いてちょっと承はりたいのですが、二条の二項に斯うあります、「前項公債及借入金の総額は帝国鉄道建設及改良費予算総額以内とす」とありますが、此予算総額以内と云ふ意味は、若し是が継続費で例へば七年とか十年とか云ふ継続費で一億円とか二億円とか云ふものであるならば、其総額以内、斯う云ふ意味でありますか。

さうしますると今度衆議院で第二条の二に修正を致しました「一年以内の期限を以て」と云ふことが這入りましたが、それでも又一年以内でも矢張り現行法の趣意に依って継続費の総額以内と云ふ意味になりますね。一年の予算と云ふ訳ではないのですな。

※15　第二十七議会

明治44年3月10日　蚕糸業法案特別委員会

今の御説明を伺ひまして考へまするに、前段の御説明とは私ども少し其考へが違って来るやうに思ひまするのは、前段の御説明に依りますと、中央会の事業と大日本蚕糸会の事業とは、自ら範囲が異って居るやうな御説明でありましたが、今の海外貿易の発展と云ふことに付きましては、範囲が余ほど同じではないか、さう云ふ所は重複すると云ふやうな感じをを有つのであります。それで若しも此範囲が異なるものであれば、もう少し是ははっきりして置く方が宜くはありますまいか。例へば唯大体に於て範囲が異なるものであると云ふことを申しましても、それはもう少し具体的に表はして居らぬと、二つ類似の会が設立になりましても、さうして互に相侵すと云ふやうなことになると、独り同会の不利益のみならず、蚕業の発達上甚だ不利益になりはしないか、此蚕糸会の如きも、今御話になったやうな永い歴史を有って居りますし、十三万人ばかりもたしか会員があるやうで、随分広く手を拡げて居るやうな会でありますから、それなどゝ今度設立になる中央会と、事業が重なって互に相侵すと云ふやうなことになると、余ほど其都合が悪くはないか、故に何かもう少し斯う云ふばっとした「海外貿易の発展其の他蚕糸業の利益増進」と云うやうなことよりも、もう少し斯うはっきりと具体的に書くと云ふやうなことが出来ぬものでありませうか。どんなものでありませう。

※16　第二十八議会
明治45年2月24日　清国事件費支弁に関する法律案特別委員会

今の国際整理基金は四十四年に残っただけを今度使ふと云ふ御話になって居りますが、、唯今、目に見えた所はそれで済むと云ふことになりませうが、是は四十五年度に這入りましてから六箇月だけの計算がこゝに予想してあるのであります。来年の議会までにはまだ先きに六箇月ある勘定になりますが、其間に費用が要ります。時に之を支弁するに尚ほ国際整理基金から御出しになると云ふことが此法律の文面に依ると、許されて居る次第と考へます。付きましては来年の予算に国際整理基金一億四千何百万円と云ふものが繰込んでありますが一億四千何百万円の中からも或る場合に於ては繰替へて支弁すると云ふことになるのでありませうか。其点を伺って置きます。

今、大蔵大臣の御答で余り整理基金などの中でも減債基金までも手を付けると云ふやうなことは万々無いであらうと云ふ御話でありました。又固より是が非常な事件になりますれば、それは如何様な手段を御採りになるも已むを得ぬ次第であらうと思ひますが、相成るべくは此減債基金として是まで御定めになった方針が変らぬやうなことを希望いたして居る次第でございまするで、若しも非常な場合はさて措きまして、此三百万円以外に多少の例へば百万円とか二百万円とか云ふ金が尚ほ要ると云ふ場合に於きまして、他の資金、詰り、森林資金であるとか、或は貨幣整理資金であるとか云ふもので尚ほ支弁する余裕がありませうか、若しも此三百万円を超過する時には債整理基金で支弁する外は途は無いのでございますか。

※17　第三十一議会

大正3年3月6日　営業税法中改正法律案外二件特別委員会

此表に就いて見まするると、継続費と云ふものがだん〳〵減じて居ります。大正八年は五千百万円ばかりに減じて居ります。然るに先達て伺ひましたところが此歳出歳入の超過額がございまして、之を以て臨時……臨時ではございませぬが、今後継続費があっても之を以て支弁する必要は必ず無い、継続費が若し今後出来るならば自然増数を以て之に充てることが出来ると云ふやうな御答弁を先達て得ましたのでございます。成るほど大正四年の継続費は僅か八百万円位しか減じてありませぬから今年に対して……仮令来年新に継続費が出来ましてもそれは自然収入で補ふことが出来るか知れませぬが、仮に大正六年を見ますと、二千何百万円と云ふものが今日に対して減じて居ります。而して歳入歳出の剰余金は其の当時に於て千九百万円ほか無い、斯う云ふ有様でございますから、若し継続費が必要であるならば、自然増収を以て之を補ふと云ふことはむずかしくなりはしないか、さうすると今日是が自然と減税と云ふことに関係をして、減税も大に考へなければならぬと云ふやうな虞はありはしないかと思ひまするが、継続費と云ふものは今後は此儘で増さぬものでございませうか、又大正六年頃に至りまして継続費を要すると云ふやうなことがありは致しますまいか、若しありとすれば此剰余金を以て之を支弁することが出来るものでございませうか、そこいらの関係を能く伺ひたいと考へます。

是は衆議院の提出案でございますが、政府は之に御同意になって居るか否やと云ふことを伺ひたい。之を伺ひますことに付きまして、一言茲に付加へて置きたいのは、単り此地租のみならず、其他相続税、通行税、織物税と云ふやうなものゝ減税案が唯今出で居るのでありますが、先刻伺ひます所に依りますと、将来の継続費は廻付になりました表の通りで、容易に賄が出来ると云ふ御話でございましたけれども。私共が稍々不安の念を生じますのは、明年度に於きまして千五百万円の剰余金の如きも、唯今問題となって居ります減税を考へて見れば、それ以上の減税になって居らうと考へなす。随って大正五年以後に於きまして若しも継続費の性質の、例へば軍備拡張とか何とか云ふもの必要が生じたときには、甚だ財政に於て不安な点がありはしないかと云ふ考を有ちますので、安心の為に伺ひたいと思ひます。政府は是に御同意になって居りますか、どうかと云ふことを伺ひたい。

吉川重吉を語る

日　時　平成二十五年一月二十五日
場　所　尚友倶楽部　会議室
出席者　吉川重昭氏（吉川重吉令孫・吉川男爵家当主）
　　　　和田昭允氏（吉川重吉令孫・母春子は重吉二女）
インタビュアー　伊藤　隆氏（東京大学名誉教授）
同席者　内山一幸氏（福岡大学非常勤講師）
　　　　上田和子（尚友倶楽部　史料調査室）

上田　尚友ブックレット第25号として「吉川重吉自叙伝」をとりあげるべく編集中でございます。重吉は十三歳で岩倉使節団と共に渡米、ボストンで小、中学校に入学、ハーバード大学にすすみ、卒業して日本に帰国、吉川家の家政、地元岩国の教育、発展に尽力し、明治二十六年貴族院議員として政界に出、欧米の知識を身につけた少壮華族政治家として活躍します。研究会（貴族院最大会派）の重鎮となり内務大臣を打診されますが、大正四年、五十六歳で死去されました。もう少しご健在でしたら、どのような活躍をされたか非常に惜しまれます。幼くして米国留学をした華族がその後、帰国してどのように考え、どのように生活したか、残念ながら生前を知る方はもうなく、今回は直系の吉川重昭氏、重吉を祖父に、重吉令嬢を母とされる和田昭允氏のお二方から吉川家のお話をうかがいたいとお出でいただきました。インタビュアーは東京大学名誉教授伊藤隆氏、同席は岩国で吉川史料等を調査された内山一幸福岡大学非常勤講師です。どうぞよろしくお願い申し上げます。

伊藤　本日吉川重吉さんのお孫さんからお話を伺えるのを楽しみにして参りました。「自叙伝」を読ませていただきまして、これはいい本になるなと思いました。この自叙伝は吉川家でおつくりになったわけですが、どういう経緯で作られ、どなたがなさったか、また他の重吉さんに関するものはどうなっているのか？　震災か、東京空襲で焼失したのでしょうか、承りたいと思います。

吉川　私は残念ながらこの自叙伝についても何も知らないのです。又なにか残っているかも全くわかりません。ただ岩国に吉川史料館があり、そちらがどうなのか？

内山　吉川家に関しては整理保存をされていますが、重吉さんに関してはまとまってはありませんでした。

吉川　本家のほうが主となっておりましょう。うちは分家ですから。

上田　古いお家がらですので、現代の史料は少ないようです。

伊藤　重吉さんの没後に「追悼録」を編纂されてはいませんか。どこかでおもちではないでしょうかね。田健治郎が「追悼録の文章を書いて関係者に渡した」と日記に記しているのです。結局出なかったのか、あるいは出たけれど無くなってしまったのか、ちょっと分からないのですが、お聞きになったことはありますか？

吉川　それは何時頃の話ですか？

上田　大正六年ころ、亡くなられたあとです。

和田　ではうちの父が結婚した頃ですね。

伊藤　追悼録があるといろいろなことが分かるのです。田健治郎が重吉さんについてどんなことを書いているのか、私はとても興味があります。どういうきっかけで田さんがお書きになったのか分からないのですけれども残念です。

重吉夫人壽賀子のこと

加藤泰秋次女（明治七年生）。加藤家は伊予大洲藩主　泰秋は貴族院議員。夫人福子（とみこ）は徳大寺公純二女、山内（土佐）豊資養女となる。徳大寺実則（明治天皇侍従長）、西園寺公望（徳大寺公純二男で西園寺家を嗣ぐ）の妹。長男泰通（侍従兼式部官・貴族院議員）夫人啓子は松平（福井）茂昭五女、長女直子は吉川経健夫人。

※吉川重吉をめぐる家系は、長州の重鎮につながる華麗な系譜である。毛利家一門であり、重吉の子供達の縁組みから、福井松平家、原田熊雄、和田小六（木戸家）、近江膳所本多家、松方家に、又、木戸家の縁から、児玉（秀雄）家、山尾（庸三）家、重吉夫人実家伊予大洲の加藤家から、高知山内家、福井松平家、土方家、西尾家、小田原大久保家、伊達（仙台伊達一門）家等々縁戚は非常に広い範囲で形成されている。

伊藤　お二方とも重吉さんには直接お会いになる機会はなかったわけですから、重吉さんについてどういう話を伺っておられるのかな、と考えますと、それはたぶん重吉夫人からきかれたものかなと思うのですが。

和田　私は母（重吉次女・春子）からですね。

吉川　うちの父親（重吉二男・吉川重国）は重吉が亡くなった時十二歳でしたから、殆どそういう思い出話をしてくれたことはありません。

伊藤　お祖母様（重吉夫人・壽賀子）からお聞きになりませんでしたか？

吉川　それもあまりなかったですね。未亡人でうちの隣に住んでおられたのですけれども、重吉の話はうかがったことがありません。記憶にありません。

和田　渋谷の松濤におられましたね。ずいぶん広いお宅でした。広い芝生があってね。

吉川　隣にお祖母さまのご隠居所がありました。ですから重吉未亡人から話をきいたのではないか、とおっしゃいますが、それについては全くございませんでした。

伊藤　可愛がっていただいたという感じもないのですか？

吉川　私は祖母から大変甘やかされました。

和田　彼は非常に可愛いがられていましたよ。

吉川　うちで叱られると、いつもさーっと逃げていきました。お祖母さまの所に行って「かくして」というとかくしてくれるのです。でもちゃんと母親にいいつけるんです。「あの子はあそこに隠れている」って「なんで簡単に見つかるんだろう」と思いました。

和田　そういう意味では本当に優しくて、叱ったことなんてないんじゃないですかね。子供のころに母と浅草の観音様に行くと、祖母が乞食にお金をやるのをよく見ました。

吉川　私の知っているお祖母さまの姿というのは渋谷の松濤で隣の家に住んでいられるということだけです。町を歩いているお祖母さまの姿は全然知らないのです。

和田　祖母も私の家も大磯に別荘を持っていて毎夏行っていました。私が祖母の家に預けられ泊ったこともありますが、重吉の話は一度も聞いたことがありません。

　大磯で思い出したのですが、私が学習院初等科の三年生の夏休みに、大磯の別荘から祖母と母に連れられて御殿場に居られた西園寺公望公をお尋ねしたことがあります。祖母が公望公の姪になるので〈ご機嫌伺い〉に行ったのです。公望公に対する私の初印象は女性的で非常に物静かな方でしたが、お話を聞いているうちに子供心にも「これはタダ者ではない」と解りました。

「自叙伝」にみる重吉

伊藤　周囲の方々のお話からですね。今回「吉川重吉自伝」読ませていただき非常に面白かった。十三歳でアメリカに行かれて、向こうで大学まで卒業した、随分長い事アメリカにいたわけですね。日本語を忘れた、と書いてありますが。

和田　そうです。それは非常にコンプレックスになっていたようです。母が云っていましたけれど、勉強しなきゃいかん、と云って、家に立派な書庫があったのですが、そこには日本の書物などがあって、時々その書物を抱えては書庫から出てくる姿をいまでも思い出す、と云っていました。

伊藤　たしかにあの自叙伝の中にも帰ってから漢学の勉強をしたということが書いてありました。だからだいぶ勉強なさったのではないかと思います。でも基本的な言葉は英語だったのでしょうね。

和田　そうですね。あの自叙伝も自分は一番書きやすい文章で書くと言って英語で書いていますね。

伊藤　だけどそのあと、貴族院議員になって議会などでどんどん発言されているじゃないですか？　まさかあれは英語でやったわけじゃないですからね。

吉川　口語体はよろしかったのではないですか？　ただ自叙伝を書いたあのころの日本語の文章というのは、難しい書き方をしないと文章じゃないということだったのではないかなと想像します。

和田　とにかくストイック（禁欲的）な人間ですね。それでいて結構進歩的……。

伊藤　そうですね。これを見るとたしかにそうだと思います。なにか訓戒をたれていますが、やっぱり伝統をきちんと守るということと同時に、個人主義でどんどん自分で自主的にいろいろなことをやれと、という考えですよね。だから非常にまっとうな教えだと思うんです。帰国後日本語はずいぶん回復されていますよね。

和田　うちでよく笑うんですけれど、その割には吉川の次の世代はみんなのんびりしているのですよ。加藤の血が入ったのだろう、って。加藤家（夫人実家）の方はみんなのんびり、賑やかなんです。ヒマラヤに行った有名な登山家加藤泰安とか、加藤家の集まりはワイワイやっているんです。

伊藤　とにかく外国で何かするということを全然恐れないでできた人だと思います。しかし日本語で堂々と議会で演説もできるし、貴族院研究会でも役員をやっておられ、蚕糸協会の役職もしておられます。かなり活動の幅は広かったと思いますが、そのへんがあまり語られていないですね。

伊藤　後に外交官としてドイツに行って、また向こうの大学に入っていられます。それからあともヨーロッパを旅行されているのではないですか？

内山　明治三十年代に岩国の義済堂という会社が海外視察をする時に一緒に行っていますね。多分外国語ができるからだと思います。

伊藤　これをみると「基本的にうちは岩国にいなければならない」と書いてありますが、岩国との関係は一族ではずっとおありだったのですか？

吉川　家はありません。重吉が云っているのは本家に対するというか、つまり吉川という家系としてはいなければいけない、ということのようでございます。分家ということで、はっきり本家とは分けています。

和田　私がきいている限り、重吉は外国に行ったりしていますから、非常に吉川家の屋台骨を支えることを希まれていたわけです。お殿様よりも。

伊藤　しかし自分の息子（長男・元光）を跡継ぎにしていますよね。

吉川　あれは前の御当主は女の子しかいなくて、長男の元光を養子にさしあげたというのは、その頃本家第一だったのではないかと思います。血族結婚なんですけれども。

伊藤　そうするといとこ同士の結婚ということですか？

吉川　そうです。

伊藤　よくあることですね。

重吉が受けた教育

上田　重吉さまもあの年齢で日本を出られたとき、周囲から「しっかり勉強してこい、そして日本のためにつくせよ」という言葉をかけられて決意をもっていらしたと思うのです。それを守り抜いて、大学を出て、帰国後は日本のため、吉川家のため、お国元にもつくされていますね。教育とか、鉄道とか、岩国のお仕事もしていられた。

伊藤　そうですね。井上（馨）に引っ張られて。

和田　重吉が渡米したころは今のような教育ではなかった。論語の素読とか棒暗記みたいなものでね。しかし私は論語の素読みたいなものがけっこう教育の非常に重要なファクターになっているのではないかという気がします。明治初期に海外留学した連中が、あちらでどうやって最新の学問を受けてそれをまた日本で発展させ得たか。

伊藤　やはり基礎学力があって、それから行っている人が多いわけですね。

和田　基礎学力というのは自分の頭で考えられることですよね。

上田　論語なら論語を充分積んで、それから考える力が出てくるのでしょうか？辞書もろくなのはなかったでしょうに。

伊藤　あまり大した辞書はないですね。でも辞書なんかない方が言葉は覚えやすいんじゃないですか。重吉さんだって何もなしに行ったわけですからね。多少は読み物をやったみたいですけれども、行ったときは言葉の問題ではつらい思いをしたのではないかと思います。でもそのことはあまり書いていませんね。「自然になれているうちに日本語を忘れた」と書いてあります。

上田　でも十三歳でしょう、おうちに帰りたかったと思いますが。

伊藤　だけどあのころの十三歳というのは大人の気持ちだったと思いますよ。僕らの時代は中学に入ったら大人だと思っていましたよ。

吉川　そうですね。今のように「かわいい」とか言われるのは非常にいやでしたね。なんとか背伸びをしようという気持ちはあったような気がします。十三歳でもお国のためにではないけれど、それなりの何か自分で思うところがあるからできたんじゃないかな。使命感ですね。

吉川　あの「自叙伝」はアメリカ人が喜ぶものらしく、私の弟がアメリカに住んでいたことがありまして、下宿屋のおばさんにあれを見せたら「これは我が家の家訓にして伝えたい」といったそうです。

伊藤　現代のアメリカでは「家訓」にしたいでしょうね。

伊藤　お付の人はどうなったのですか?

内山　二人いました。土屋静軒と田中貞吉、土屋静軒は帰国後に山口医院、田中貞吉は海軍に行ってその後中学の校長とかをやっています。

伊藤　ちゃんとやっているじゃないですか

内山　二人ともそれなりの地位にはついています。

上田　二人も従者をつれているのは吉川重吉さんだけです。金子（堅太郎）とかはひとりぼっち、さすが吉川家です。

キリスト教との関係

和田　もう一つ私が面白いと思ったのは、フォルサムという牧師の家に滞在しているのです。そこでキリスト教の中にどっぷりつかって、安息日のときに庭で鞠投げしたら怒られたとか、だけど本人にはキリスト教の気配は全くありませんね。

伊藤　実際になかったのでしょうかね。いろんな古典やなにかを読むのと同じように聖書は絶対に一度は読みなさいと、というようなことは書いていますね。しかし自分が信者になったような気配はないですね。

和田　ありませんね。

吉川　洗礼を受けられたという話はないですね。葬式も神式ですから。

伊藤　留学してキリスト教の洗礼を受けた人はかなりいると思いますけどね。日本で当時留学できるようなエリートの家はキリスト教の一番の根源ですね。庶民の中には入っていない。この辺で止まっている感じです。それは韓国とぜんぜん違うところですね。

上田　私も吉川家とキリスト教をについてうかがいたかったのですが、クリスマスとかはいかがでした？

和田　うちは仏教ですが、ごく普通に子供向きのクリスマスはやっていました。

吉川　あまり宗教と関係なしにね。私は子供の時に戦争になってしまったのであまり楽しい思いをしたことはないのです。

上田　ご家庭はキリスト教ではないけれどリベラルなご家庭を形成していらっしゃったようにお見受けいたします。

和田　それは非常にリベラルです。具体的に云うと、年齢とか地位とかを離れて、互いに〈ひとりの人間〉として付き合う、ことが家風でした。私ども子どもの頃から「皆が大事にしてくれるのは家柄だからで、お前が偉いからではない」と徹底的にたたき込まれました

毛利家との関係

伊藤　毛利家との関係はどうなのですか？

和田　血族的にはかなり離れています。

吉川　密接な関係はありません。毛利会とかありますと、うちの父までは出ていましたが。

和田　私も高輪の毛利家の園遊会に招かれて母といったことがあります。その程度のお付き合いはしていたようです。

吉川　私自身は全然行ったことがありません。

内山　家憲を作ったときはたぶん毛利と一緒に作っています。毛利と毛利の分家とかいくつかありますね。その時はどうも結集しようという動きをみせているのです。それに絡んで井上馨なんかは毛利は団結すべきだと云っているのですが、長続きはしていなかったのですね。家憲は家ごとにつくっていますが最後に統合するのです。みんなでサインしてお互いにやっていこう、と。

吉川　それは知りませんでした。

内山　そういう記憶が今に伝わっていないということですね。

伊藤　何代かたつと意外につながらないものですね。やはり母方の影響が強かったのではないかというお話は非常に納得できますね。

次女春子・和田小六夫人の話

和田小六（木戸孝允孫、木戸幸一弟）大正九年〜十一年欧米留学・東京帝国大学航空研究所長・東京帝国大学教授・東京工業大学学長。小六の母寿栄子は山尾庸三長女、山尾は文久三年〜明治元年グラスゴーに留学のち工部卿、初代法制局長官。

伊藤　和田先生、お母さま（次女・春子）からお聞きになった話ではどんなことがありますか？

和田　さっき申し上げた書庫のことですが、とにかく非常な読書家だったようです。もうひとつは、アメリカ時代を懐かしんで、ボストン・ベイクド・ビーインズという豆を煮たものを好んでいた、と話していました。「神田川」という鰻やに重吉が行くときに、母はよくお供をさせられたと云っていました。子供の教育ということではいろんなアメリカの話をしてくれたようです。だから私の母は非常に慕っていましたね。母からの思い出話は詳細ではないのですが、非常に親しみをもって話しておりました。

吉川　これを読んでちょっとそんな感じもありますね。或る意味で男の子には厳しくて、女の子には優しかったのではないですかね。

和田　元光伯父は、よく叱られて父の重吉の部屋から出てくるのを見た　と母は云っておりました。

上田　お部屋にお呼びになってお叱りになるんですね。

和田　そういう逸話でいうと、母がお小遣いをためて金時計を買ったのだそうです。それでこっぴどく怒られたと云っていました。贅沢はいけない、金時計を買うとは何事かと。お小遣いをためて買ったのにね。ぼやいていました。

上田　重吉様は外国暮らしがお長くていらしたたし、西洋館でお暮らしでいっらっしゃるから、生活も西洋風で？

和田　欧米風でした。原田の伯母（重吉長女英子・原田熊雄夫人）は娘の時に二年間英国に留学しているのです。その次に私の母も行かされそうになって、母はそれがいやでいやでしょうがなかったと言っていました。幸い結婚することになったので行かなくてすんだのです。

上田　でも伴侶となられた和田小六様（木戸孝允孫・幸一弟）は外国で教育を受けられた方でいられますよね。

※英子はバーミンガム大学の学長の家に預けられ、2年間イギリスで過ごした。重吉は往きは長春まで送り、帰りはコロンボまで出迎えた。（岩田幸子『笛吹天女』三三頁、講談社、昭和六一年）

伊藤　娘さんを外国留学に、男の子は？

和田　男は留学に出していませんね。

伊藤　自分が留学したから、息子たちもやるのかと思ったけれど。

和田　自分が母国と余り長く離れたことに対する反省があったのかも知れません。

吉川　留学というかたちではなくて、うちの父親（重国・宮内庁式部副長・帝国ホテル顧問）は京都大学を出てから遊学で行っています。

和田　原田のところがああいうこと（西園寺公望秘書）をやっていましたから、戦後にアメリカ人が来たときに、原田の英子伯母が英語を流ちょうにしゃべるのでびっくりしたんです。

伊藤 それは驚くでしょうね。

上田 お嬢様を留学にだされたのは素晴らしいですね。

和田 どういう主義でやられたか、聞いてみたかったですね。

※原田熊雄（貴族院議員、西園寺公望秘書）の父豊吉（東京帝国大学教授）は十三歳で独逸に留学、独逸地質学を学んだ。十年後に帰国、東京帝国大学理学部地質学科の教授となる。夫人照子の父は独逸人。叔父（豊吉弟・画家）直次郎も独逸に留学。

駿河台の家

上田 このお写真のお宅は素敵な西洋館ですが、どこにございましたの？

伊藤 明治四十何年と書いてあります。神田区駿河台東紅梅町ですね。

和田 ニコライ堂の隣で、今の新お茶の水ビルのあるところです。明治四十四年に建てたもので、明治の日本で活躍したアメリカ人建築家ジェームズ・ガーディナー（James McDonald Gardiner、1857 - 1925）の設計です。彼は重吉の友人で、一緒に日本のハーバードクラブを創立したし、立教大学創立者の一人で、その学長も務めた教育者でもありました。彼が建てた内田邸は現在、横浜の山手に「外交官の家」として保存され、国の重要文化財に指定されています。

神田の西洋館内の吉川一族（左から、重国、和田春子、原田熊雄、和田小六、吉川経健夫人・直子、経吉、幸子、寿子、壽賀子、原田英子）
（和田昭允氏提供）

重吉の孫の集まり　吉香会（和田昭允氏提供）

ガーディナーさんとは家族ぐるみの付き合いであったようで、わたくしの母は結婚後も二女のアーネスティンさんと、仲良くしていました。

昭和四十年代になってからでしょうか、重吉の孫、つまり私の従兄弟・姉妹たちは、吉川家の先祖を祀る吉香神社にちなんで「吉香会」をつくりました。毎年、グルメだった祖母を偲んで、美味しいレストランを見つけては集まるのです（写真は平成三年の会合）。重国叔父をはじめ母親世代を囲んで、子どもの頃一緒に遊んだ思い出を話し合う楽しい会でした。そこにガーディナーさんのお孫さんご夫妻をお招きしたこともあり、日・米の国境を越えた深いおつきあいでした。このような家族の結びつきが出来るのも、重吉が教示した高潔・質実な精神と彼が建てた〈明治の本格的西洋館〉に象徴される先進的家風が、子孫の誇りとしてあるからでしょう。

伊藤　それにしても大きな家だったんですね。三階建てみたいですね。いいお宅に住んでいたんだなあ。

吉川　関東大震災で焼けちゃったそうです。吉川家の一番下の幸子叔母様、一旦結婚してから、死別されて、獅子文六（作家）と結婚しましたが、幸子叔母が書いた『笛吹天女』の「生い立ちの記」というところに御茶ノ水の東紅梅町の家のことがあります。

本家と分家が庭続きにあって、それぞれ小庭のついた家職の家数軒、同郷人学生のための寮、植木や、車夫、その他の家や蔵、物置などが建っていた。（『笛吹天女』一〇頁）

間数は四十七間あり、父の友人であるガーデナさんが設計されたもので玄関を入るとホールの壁に添って、途中に踊り場の付いた階段が二階へと続いている。その踊り場にはステンドグラスがはめられていた。突き当たりのドアを開けると、大きい方の客間があって、緑色の絨毯が敷かれ、シャンデリアが輝いていた。一隅にピアノがあった。

二階は父の寝室、父母の寝室、家族の小食堂があり、姉たちは南側だが兄たちは北側に部屋が並んでいた。その近くに洗面所も三畳くらいで流しが広く、兄たちはその上で水を浴せられたそうだ。アメリカ育ちの父の考え方か、女の子より男の子を厳しく育てようとしたらしい。赤い絨毯を敷いた書斎を赤間と呼び、緑の絨毯の客間を青間と呼んだ。

女中部屋を三階に作ったのは、父と設計者のアメリカ人の考えだったが、日本では通用せず、古い日本家屋に渡り廊下をつけ、中二階が女中部屋として使われた。八人の子供にそれぞれお付きと称する人、一般用をする者、台所専門など人数も多かった。

更に奥を仕切る老女がいて須田町の生まれでしっかり者の婆さんであった。子供用と客用のトイレは水洗だった。八つくらいトイレがあった。(『笛吹天女』一六〜一七頁)

伊藤　本家と分家とは庭続きと書いてありますね。京都に別邸があったのではないですか？

和田　長男の元光伯父を私どもは「京都のおじ様」と云っていました。

伊藤　その別邸はご本家ですか？

吉川　本家です。

伊藤　こちらの写真は焼けた跡のようですね。

和田　そうです。震災で焼けた家の後に小さな洋館を建てましたが、その家の前にテニスコートが二面あって、そこに吉川一族の家族でしょっちゅう行っていました。私はまだ幼稚園でテニスはしませんでしたが、姉たちがしていました。父親たちもテニスをやっていました。原田のところや木戸のところがみんな来てね。原田（熊雄）と木戸（幸一）、それから私の父の小六はみな学習院での学友で、非常に仲がよかったですからね。重吉が亡くなったのが一九一五（大正四）年十二月二十七日、一番上の娘（英子）が原田（熊雄）との結婚が決まって安心して亡くなったという話は聞いております。

伊藤　大磯に別荘があったのですね。

和田　最初は長者林でしたが、最後は駅の側です。

吉川　大磯にはあちこちの子供たちが集まって遊んでいましたね。

伊藤　さっき見た手紙は誰宛でしたか？

上田　三島弥太郎宛です。大磯からでした。

伊藤　大磯と書いてあったので大磯に別荘があったのだな、と思いました。

和田　私の祖母の妹（加藤泰秋三女愛子・土方久明夫人）が土方という子爵なのです。息子の土方与志というのが演劇界にいて、その夫人は三島家から来ているのです（三島弥太郎次女梅子）。

伊藤　土方与志は左翼になった人でしょう？

和田　そうです。子爵を剥奪されています。

上田　三島さんともお近いのですね。アメリカ留学が共通体験と思っておりましたがそれだけではなかった。

家風

吉川　私の家は重吉公から父親が継いだ教育ではなくて、むしろ母方（吉川重国夫人綾子は松平慶民二女）の松平の方ですね。そちらはオックスフォードを出ているのでノブレス・オブリッジ、イギリス貴族というか、そういう教育でしたね。重吉が亡くなったときうちの父親はまだ小学生か中学生くらいですから、重吉からの伝承というより母方の教育の匂いが強いようになりました。

伊藤　お母さまですね。

上田　福井の松平家

吉川　そっちの方の教育が残っています。あまり吉川家の伝承がないんです。

伊藤　生活そのものがそういう風だということですか？

吉川　いろんな意味でね。

和田　私のところは木戸の方、それから山尾庸三の影響が強く出ています（山尾庸三長女壽栄子は木戸孝正夫人）。イギリス帰りですから（山尾庸三はイギリスのグラスゴーに留学）。吉川の方はアメリカ帰り。

伊藤　アメリカ風とイギリス風ではだいぶ違いますかね

和田　重吉が行ったのはニューイングランドですから、イギリスの影響が強いです。

上田　それにしてもすごいですね。あの時代にオックスフォードとかグラスゴーとかハーバードで勉強された方が日本の為に働いて、国力をあげていかれる、そういうご一族ですね。

伊藤　それがそのまま向こうに居ついてしまわないで、必ず帰ってきて日本の力になったというのが大きいわけですよね。中国人などは向こうに行ってしまうと帰化したりしますが、日本人は必ず帰ってくるのです。

子供・孫たち

上田　重吉さまのお子様方で、一番お上が原田熊雄様に行かれた英子《ひでこ》さま。
和田　そうです。おとなしい人です。本多の叔母（重吉三女壽子・子爵本多猶一郎夫人・本多家は近江膳所藩主、猶一郎氏は帝室会計審査局長長官、侍従等）もおとなしい人です。私の母（春子）が一番お転婆でしたね。
吉川　そうですね。いちばんはっきりとモノをおっしゃった方ですね。幸子《ゆきこ》おばさま（四女・獅子文六夫人）もおしゃべりでしょ。
和田　吉川家の重国叔父（重吉次男・吉川男爵家を継承）と私の母は仲がいいので、よく掛け合い漫才みたいな言い合いをしていました。両方とも口が悪いものですから。それから息子を学習院にやっていないのです。付属なんです。
吉川　父は高等科だけ学習院でした。
和田　あれは母に言わせると、吉川家は学習院のようなところにはやらんという教育でした。だから私の母親も女子高等師範学校附属女学校です。本多の叔母も女高師附属です。元光も重国も付属。重吉が亡くなったあとは祖母が学習院にいれたのです。重吉は学習院に対してある種の批判というか、違う目をもっていたんでしょう。それが教育方針の基本にあったと思います。でも重吉が亡くなったら、みんな学習院に行くとこになりました。

上田　非常に分かりいい教育方針ですけど、あとでまた学習院に入れちゃったというところがいいですね。

吉川　私のところ、松平家のほうは男の子はみんな暁星、付属、それから海軍兵学校です。要するに華族と云うのは一朝事あるときのために、まず兵役に身を置かなければならない、ということです。それがイギリス的な考え方なのですね。

岩国との関係

内山　今の吉川さんのお家と岩国との関係はどんな感じなのですか？旧家臣との関係は続いているのですか？　本家はもちろんいろいろ旧臣とのお付き合いがあるようですけれども。

吉川　本家と分家を含めて吉川家と地元とのかかわりは、向こうに祖先を祀った墓所とかいろいろありますが、山の奥の方に山林をもっているのです。これが赤字ですけれども一生懸命やっています。それから骨董的なものがいろいろございます。それは個人で持っていますと散逸してしまうのでそれを資料館というかたちにしています。そういうことを吉川家の事業としてやっています。いまでも本家と分家でございますから、必要とあればいろいろな情報交換をしています。そんなところです。

内山　東京では「岩国会」のようなものはないのですか？

吉川　今はございません。昔は岩陽学舎という、いわゆる学生さんのための寮を吉川家で運営していたのですが、財政的に難しく、それは離して、地元の財界とか、いろいろな補助で細々とやっているようです。

和田　お墓は谷中です。ハーバードクラブから贈られた灯篭があります。ハーバード大学に留学した初めての日本人で、日本ハーバード倶楽部の会長も務めました。

和田　ハーバードのチャールス・エリオット学長が日本にきたことがあるのです。その時重吉は岩国まで案内しました。

上田　新聞にもでていて明治期にハーバードに学んだ人たちが集まっています。

伊藤　金子（堅太郎）もですか？

上田　そうです。金子もハーバード倶楽部の会長を務めています。団（琢磨）さんは？

和田　団さんはＭＩＴです。ＭＩＴで鉱山のことを勉強して、三井三池炭坑に行き、最後は三井の大番頭（三井合名会社理事長）になりました。そして血盟団事件の時に暗殺され、昭和史に名を残します。

重吉を継いで　子孫達

伊藤　この辺で御後裔の方々に重吉の遺訓がどんな形で影響を及ぼしているか、うかがいたいですね。みなさん廻りを見るとイギリスかアメリカということになるからすごいな、と思います。

吉川　外国との関わりを考えますと、父は京大を出てから、イギリスに遊びに行ったりしていたようです。留学というより、遊学しているうちに、ジョージ六世の戴冠式に秩父宮殿下が御名代で行かれて、その時に松平の祖父が随員できていたのです。その中にもぐり込んじゃって、それからずっと宮内庁務めです。

伊藤　宮内庁に入ったのはそういうきっかけだったのですね。

吉川　どうもそうなのです。

内山　重国さんが書かれた『戴冠紀行』をたまたまみつけたのですが、とても筆まめで丁寧に書いていられますね。

吉川　これは今の天皇が皇太子時代にエリザベス女王の戴冠式に出席されたとき、随員としていったときのものです。秩父宮についていった経験があるので随員にしていただいたと思います。旅先から航空便で送ってくる手紙をうちの母親がガリ版で書きましておいたものです。

伊藤　附録として「皇太子殿下外遊日録」というものがあります。これは日にちを追った要約ですね。お付としていかれて記録を書かれたと思います。「何時何分に官邸へお帰りになる」と書いてあります。

和田　重国叔父は本当に面白い人でした。グルメでね。宮内庁の後は帝国ホテルの顧問をしていた。

上田　ご長寿で大変存在感のある方でいられました。よく覚えております。帝国ホテルの吉川さまとみんなで申し上げておりました。

和田　加藤家が長寿なのです。

吉川　実はうちの母親は、実家の松平家は質素を旨としているところがあり、本人があまり贅沢というのを知らないのです。戦前から健康の為と云って銀シャリはだめ、麦飯でないといかんとそういう家でした。だから、うちの父親はもっぱら外に行って「宮家の食事より竹葉のほうが美味しい」とか言って竹葉で鰻をたべていました。

上田　福井の松平家は康昌さまの？

和田　分家です。慶民……。

上田　慶民さまは夫人が井上馨夫人武子の姪。えーっ、ここで井上家と。

※松平慶民夫人幸子は井上馨夫人武子の実家新田家の出、姉貞子は桂太郎長男与一夫人

伊藤　戦後はずっと式部官をおやりになっていたわけですか。

吉川　はい、辞めるまでは式部です。

和田　人のつながりは面白いと思います。重国叔父と私の家内の父親内藤政道（延岡藩主内藤政挙嗣子）が宮内庁式部職の同僚で、とても親しかったのです。晩年は宮内庁の金さん銀さんと言われていました。

伊藤　和田先生の義理の兄上は都留重人（一橋大学学長）、ハーバードですね。

和田　ハーバードです。八高にいて反戦運動をしていました。父親がこのまま置いておいたらダメだというのでハーバードに留学させたのです。私の姉との結びつきは原田熊雄なんですよ。木戸の伯父に言わせると、「原田の熊は上は皇族から、下は置屋の女中の世話まで全部やるんだ」と。

伊藤　まめなんですね。

和田　本当にそうだったのです。都留重人と姉の縁について面白いのは、とにかく反戦運動で留置所に入ったことのある人でしょ。アメリカに行っていくら優秀でも戦前ですよ。それを原田が責任もって自分の親友の娘に紹介するというのは、よほど判断基準がリベラルではっきりしていたのだと思います。都留の自伝がありますが、戦争中に教育勅語を誉めているんです。だから教条的文化人ではなかったと思いますよ。

伊藤　たくさんの人が左翼に走った時代ですよ。左翼経歴をもっている人はみんな出世していますよ。

和田　私の父は長女の結婚について家長である木戸幸一に相談に行ったわけです。木戸家・和田家の嫁入り、婿入りは全部、お互いに相談しあっていました。木戸幸一は「できる人は若いころ左に走るものだよ。いいじゃないか」と云ったそうです。やはりリベラル—人物本位—だったのですね。

伊藤　和田先生の高校（横浜サイエンスフロンティア高校）はいかがですか?

※和田氏は現在、東大名誉教授、理化学研究所研究顧問、横浜市立横浜サイエンスフロンティア高校常任スーパー・アドバイザー

和田　この高校は受験勉強もさせますが、化学技術で、世界を股に掛けて活躍できる人間を育てるのが目標です。二年生になると自分で研究させて二年の前半に発表させます。後半には全員がマレーシアに行って、一人づつが英語でポスター発表するのです。その中で二〇人くらいの優秀な連中はマレーシア工科大学に呼ばれて、またそこでポスター発表ができるのです。そういう経験をさせていますので面接などに非常に強い。偏差値もどんどん上がっています。

上田　重吉が通ったチャウンシー・ホールスクールも大変な名門校で、今も独自の教育で多くの逸材を育てているようです。記録は火災で焼失しましたが、ハーバードへ進学した重吉は should be remembered and honored と、Khalsa 校長はメッセージを送ってきました。

伊藤　和田先生も学校にはお出ましになるのですか？

和田　週に少なくとも一回は行っています。講義はしませんがアフタヌーン・ティーと称して放課後に二、三十人と一緒にお茶を飲むんです。欧米の大学でよくやっている習慣です。生徒諸君と仲良くするのは楽しいです。向こうからみれば父親感覚ではなくておじいさん感覚なのですね。うちの高校は廊下であったら、誰とでも「こんにちは」と挨拶するんです。このあいだも女子生徒のグループに廊下ですれ違ったら「先生握手して」なんていうんです。いまの若い子って面白いですよ。

上田　女の子も理系の子が来るわけですね。

和田　大体そういうことです。

上田　大学も理系の大学に？

和田　そうなのですが、嬉しいのは、四分の一は文系に行ったのです。一人は東大の文Ⅲに入っています。何をやるのかと思ったら、理科の頭を使って考古学をやりたいと。

伊藤　今の考古学は理系の人が必要なんです。

しかしご後裔の方々もグローバルに生きていられる。世界と日本をつなぐ最初の架け橋となった重吉の血が脈々と流れているのを感じますね。素晴らしいことです。本日はありがとうございました。

■チャウンシー・ホール学校　Chauncy Hall School

CHAUNCY-HALL SCHOOL-HOUSE,
Chauncy Place, Boston.
1828.

1828年男子校として創立、現在のボストンダウンタウン、メーシーズのある交差点にあった。将来、実業界での活躍を目指すボストン在住の富裕層の子弟が通学した。学校は各教科の充実に力を入れ、当時としては斬新的な教育方法を打ち出し、教育機関の新しいモデル校であった。重吉在学当時は、勉学のみならず、運動、音楽、軍事、ビジネスと広範囲の教科があり、又クラブ活動では野球、フットボール、チェス等が盛んで学生は勉学に、クラブ活動に意欲的に参加した。ハーバード、MIT に進学する学生数は増加し、ニューイングランド有数の名門校となっていったのである。1971年に Chauncy Hill School、1974年に Huntington Shool と三校が合併し、Chapel Hill-Chauncy School（785 Beaver Street, Waltham, MA）として現在に至っている。

"Historical Sketch of Chauncy –Hall School 1828to1894"

CATALOGUE

— OF —

TEACHERS AND SCHOLARS

— OF —

Chauncy-Hall School,

Kibbey
'73 William B.

Kidder
'58 Henry M.
'59 Harvey M.
'60 Andrew M.

Kikkawa
'76 Chokichi, H. U. '83

Kilburn
'77 Arthur W.

Kilgour
'77 H. M. S.

Kilham
'75 Arthur E.

Kilton
'55 John S.

Kimball
'35 Daniel
'41 George K.
'42 Charles W.
'53 Lorenzo S.
'59 Charles Henry
'72 Dana
'73 William D.
'74 Marcus Morton
'75 George N. S.
'76 M. Day
'83 O'Neil R.
'85 Alice Marble
'86 Edwin Nelson
'86 Emma
'87 William Stockbridge
'88 Lyman Leland
'93 Susan Clark, K. Tr. Cl.

Kincaid
'74 William L.

King
'59 Charles G.
'59 Leonard S.
'71 Horace T.
'73 Lillie A.
'79 George F.
'94 Isabel Theobald, K. Tr. Cl.

Kingman
'76 Luin F.

Kingsbury
'67 Charles E.
'94 Alberta Beatrice

Kingsley
'31 Joseph H.
'90 Blanche F.

Kinmonth
'74 David M.

Kinney
'64 Charles L.

Kinsley
'30 Henry
'35 Edgar L.
'68 Henry S.

Kinsman
'73 William
'82 Alfred G. L.

Kirkpatrick
'84 James L.

Kirmes
'69 Victor C.

Kissam
'94 Ethel

Kittredge
'32 John D.
'63 Jeremiah C.
'87 Helen

Knapp
'51 Samuel L.
'92 Alice Bradford

Knight
'45 Francis P.
'84 William R.
'94 Mabel Tucker, K. Tr. Cl.

Chauncy Hall in Boston, in the late 1800's.

Rice School は合併、移転により、Chauncy Hall School は火災にあっており、両校ともに吉川重吉に関する個人資料は残っていない。
Chauncy Hall School から送付された重吉在学当時の関係資料 "Catalogue of Teachers and Scholars of Chauncy Hall School 1828 to 1894 には重吉の名前が記載されている。

■ライス・グランマー学校　Rice School

1870年創立、Mason School の学生増加により新たに設立された。ライスはニュートン市に長く尽くした Marshall Spring Rice の名を附した学校である。その建物は市で最も古い建築物であった。1959年、Mason-Rice Elementary School として統合、現在地（149 Pleasant Street, Newton Center, MA）に移転再建された。

吉川家

吉川重吉
壽賀子

- 重國
  綾子
  - 重昭
    久子
  - 和子（永井孝夫人）
  - 重隆
    春海
  - 重恆
- 元光
- 英子
  原田熊雄
  - 敬策
  - 美智（勝田龍夫夫人）
  - 知惠子（宍戸廣慶夫人）
  - 興造
- 春子
  和田小六
  - 昭允
  - 正子（都留重人夫人）
  - 綾子（肥後一郎夫人）
- 壽子
  本多猶一郎
  - 康忠
  - 穣子（島津久厚夫人）
  - 康張
  - 慶子（原庸道夫人）
- 經吉
  平佐綏子
  - 春生
  - 厚子（谷田元彦夫人）
- 幸子
  岩田豊雄
  - 敦夫

後記

上田　和子

本書「故男爵吉川重吉卿自叙伝」の刊行にあたり、直系の令孫吉川重昭氏は、ブックレットへの翻刻刊行を快く御承諾賜り、写真提供、吉川史料館へのご紹介、談話へのご参加と多岐にわたりご協力下さった。令孫・和田昭允会員は史料、写真提供、談話参加に加え、談話「吉川重吉を語る」では編集、校正、参考資料提供と大きなお力を賜った。令孫・本多康張会員からは原史料のご提供をいただいた。

東京大学名誉教授・伊藤隆氏は本書の企画時から御助言、御教導を賜り、また談話「吉川重吉を語る」のインタビュアーもつとめられた。編集は大名華族の研究で実績を上げていられる福岡大学非常勤講師・内山一幸氏に協力を依頼した。氏は原史料の実地調査を何度も行い検証を重ね、史料の解読、校正、解説執筆と多大な労をとられた。ハーヴァードでの吉川史料についての調査には、慶応義塾大学教授・ハーヴァード大学客員研究員・小川原正道氏を煩わし、氏は米国から緻密な論考を寄せて下さった。吉川史料館、岩国徴古館、山口県文書館には、原文書調査でご助力を得た。Chapell Hill-Chauncy Hall School の President of School Siri Akal Klalsa 氏は吉川についての調査をされ、さまざまな情報を提供くださった。写真撮影は松浦真会員、校正には京極寛子会員夫人のご協力を得た。

本書刊行にあたって、かくも多くの方々の御尽力に心から感謝申し上げる。

編者
一般社団法人尚友倶楽部《しょうゆうくらぶ》
旧貴族院の会派「研究会」所属議員により1928年に設立された公益事業団体。学術研究助成、日本近代史関係資料の調査・研究に取り組んでいる。その成果は、『品川弥二郎関係文書』『山県有朋関係文書』『三島弥太郎関係文書』『阪谷芳郎東京市長日記』『田健治郎日記』など30冊以上の資料集として出版されている。

内山《うちやま》　一幸《かずゆき》
1974年静岡県生まれ。福岡県立福岡高等学校、九州大学文学部史学科卒業、九州大学大学院比較社会文化研究科博士課程単位取得退学。現在、福岡大学、北九州市立大学などで非常勤講師を務める。論文に「旧藩主家における意思決定と家憲」（『九州史学』146号、2006年）、「明治前期における大名華族の意識と行動」（『日本史研究』576号、2010年）など。

吉川重吉自叙伝《きつかわちようきちじじよでん》
〔尚友ブックレット *25*〕

2013年8月25日　発行

編　集
尚友倶楽部史料調査室《しょうゆうくらぶしりょうちょうさしつ》・内山一幸《うちやまかずゆき》

発　行
(株)芙蓉書房出版
（代表　平澤公裕）
〒113-0033東京都文京区本郷3-3-13
TEL 03-3813-4466　FAX 03-3813-4615
http://www.fuyoshobo.co.jp

ISBN978-4-8295-0596-0